中国汉唐考古学九讲

杨泓 著

文物出版社

图书在版编目（CIP）数据

中国汉唐考古学九讲 / 杨泓著 . —北京：文物出版社，2015.12（2021.7 重印）

ISBN 978 - 7 - 5010 - 4479 - 5

Ⅰ. ①中… Ⅱ. ①杨… Ⅲ. ①考古学 - 研究 - 中国 - 汉代②考古学 - 研究 - 中国 - 唐代 Ⅳ. ①K871.404

中国版本图书馆 CIP 数据核字（2015）第 294498 号

中国汉唐考古学九讲

著　　者：杨　泓

责任编辑：蔡　敏
封面设计：李　红
责任印制：陈　杰
出版发行：文物出版社
社　　址：北京市东城区东直门内北小街 2 号楼
邮政编码：100007
网　　址：http：//www.wenwu.com
经　　销：新华书店
印　　刷：北京君升印刷有限公司
开　　本：710×1000　1/16
印　　张：14.5
版　　次：2015 年 12 月第 1 版
印　　次：2021 年 7 月第 2 次印刷
书　　号：ISBN 978 - 7 - 5010 - 4479 - 5
定　　价：68.00 元

前　言

　　这本讲义，是准备向大学本科不是学习考古学的博士研究生讲授的。

　　上世纪 90 年代，中国社会科学院研究生院考古系让我指导中国大陆以外的博士研究生，研修中国汉唐考古学课程。这些学生在大学本科没有学习考古学，研修硕士学位时多是在其本国选学艺术史。因此这些学生到中国社会科学院研究生院考古系来学习，课程的讲授就不能像对原在大陆院校学习考古学的学生同样安排。在研究方法方面，要让学生掌握考古标型学和考古年代学的基本方法，熟悉中国考古学史，还要强调对中国古代文献的掌握和使用。在基础课汉唐考古学的讲授中，也进行了一些新的探索，这本讲义就是在这种情况下撰写的。

　　在中国汉唐考古学概论中，没有按考古学遗存类别和分期分区的传统讲授，而是从汉唐时期的社会生活展开，从整体到局部进行叙述，或者可以说是从"大"到"小"、从"国"到"家"。讲义所依据的资料，皆选用新中国建立后田野考古所获得的考古遗迹和实物标本。由于田野考古发掘收获主要可概括为两个方面，其一是古人生活的遗存，诸如城址、建筑址等；其二是古人死后埋葬的遗存，诸如墓园建筑、神道石刻、地下墓室等。讲义内容也以古人的生活和死后的墓葬为两个主要内容，分节叙述。关于古人的社会生活，又受到考古田野发掘资料的局限性，从"国"到"家"的"国"，只能是选取田野考古工作已比较充分的当时的政治经济文化中心的都城，从其平面布局分析其性质和时代特征；然后进而分析城内的具体建筑遗迹，说明当时的建筑技术、建筑装饰和时代特征；再进入室内，分析当时室内装饰、室内陈设，乃至时代习俗。使学生有立体的多视角的较为全面的认识。关于古人死后的墓葬，也尽可能从地上的墓园、神道石刻到地下墓室，全面分析。但由于全国各地大量的田野考古发掘，只是发掘了地下墓室，所以只能以墓室为重点探究其时代特征。

另一方面，因为学生多曾修学艺术史，且讲课是开放的，也时有其他院校，尤其是中央美术学院的学生来听，所以讲义中关注了考古学与艺术史研究的关系。传统的艺术史的内容重点在于绘画、雕塑和建筑。讲义中在叙述城址和建筑工艺发展演变时，关注了中国古代汉唐时期建筑的装饰艺术和时代风格。在叙述墓葬时，关注了神道石刻和随葬俑群的时代特征和艺术风格，因为在田野考古发掘中获得的与雕塑有关的考古标本，特别是人物形象的雕塑品，主要就是神道石刻和俑像。讲义中将考古学与艺术史研究讨论的重点，集中在绘画史方面，原因是在汉唐时期墓葬中保留有数量可观的墓室壁画，还有随葬的帛画，乃至漆画等考古标本，而传世文物中缺乏汉代绘画，保留下来的南北朝乃至隋唐时期的绘画也主要是后代的摹本，真迹罕存，所以数量众多的墓室壁画就对重新解读汉唐时期绘画史至关重要。

汉唐时期，也是中国古代宗教发展的重要时期，特别是佛教自天竺东传汉地，更掀起佛教在中国内地的繁荣和中国化的热潮，遗留有大量佛教遗迹，在讲义中也予以应有的关注。

在讲授中，反复叮嘱学生考古学是一门实证的学科，任何论述都必须有确实的依据，讲古代的事要按当时人的想法去考虑，一定要有文献学的依据，切忌主观臆测，不可以用现代人的想法解释古代的事，更不能按西方人的想法去套中国古代的事，披上什么"新方法"的外衣都无济于事。还要注重全面解析，一定要警惕因考古发掘的局限性，从而导致不符合历史的论断。切忌以偏概全，只重"个案"。讨论问题时要学会倾听，记得"四清"时的"二十三条"中有一条："好话，坏话，正确的话，错误的话都要听。特别是对那些反对的话，要耐心听，要让人把自己的话说完。"
看来这种态度很对，但是听完后，不能人云亦云，要学会分析，自己一定
要有主心骨才成。

　　以上对中国汉唐考古学讲义的设想，在历年的讲授中逐渐完善。在每
课讲授前，我一定先写好完整的讲稿，准备好向学生展示的图片。因为六
十年前我在北京大学学习时，听宿季庚师讲课，见先生每课前必然写好讲
稿，并手绘好准备在黑板上向学生示范的图像，一丝不苟。所以当轮到我
给学生讲课时，亦谨遵师范，认真备课，一定先写好讲稿才去上课。讲过
一种课后，总会留下一份基本完整的讲义，此前曾将为研究生讲的兵器考
古课的讲义，整理成《古代兵器通论》，2005 年由紫禁城出版社出版。这
次将历年讲授的《中国汉唐考古学概论》讲义重新整理，作了必要的修改
和补充，拟为《中国汉唐考古学九讲》。谨此刊出，以就正于读者。

目 录

插图目录

第三讲　三国两晋社会生活、埋葬制度和绘画

第五讲　南朝陵墓石刻和画像砖、拼镶砖画

第六讲　北朝墓室壁画

汉唐考古学的时代特征

汉唐考古学，属于历史考古学范畴。所研究的历史时期经历了自西汉、新、东汉、三国、西晋、东晋十六国、南北朝、隋、唐至五代十国，前后延续长达 1100 余年。包含了中国古代历史上十分辉煌的汉唐两朝，以及它们之间的一个漫长的过渡时期。所以汉唐考古学可以分为三个阶段，一是两汉，二是三国两晋南北朝，三是唐。

第一阶段是汉代考古，包括的历史时期是西汉，经短暂的新莽时期，再到东汉，从公元前 206 年直到公元 220 年。秦王扫六合，建立了中国历史上第一个封建主义的中央集权政权，但国祚短暂，像一颗流星，刚在星空中光华耀目，瞬间即逝。汉承秦制，西汉时才真正建立起封建主义的中央集权政权，创建了中国古代历史上辉煌的汉文明。虽然经过新莽的短暂夺权和随之而来的社会混乱，但东汉政权建立后重续前汉的辉煌，社会经济发展，物质文化繁荣，文化艺术也随之兴盛。是当时世界上东方的文化中心，丝路的开通更开启了中西文化交流的重要通道，对世界历史影响深远。因此汉代考古学的研究，对中国历史时期考古学研究，具有重要意义。

第二阶段是三国两晋南北朝考古，包括的历史时期跨越了近 4 个世纪，上起公元 3 世纪初三国鼎立时期（这一段时期与东汉末建安年间相重叠），经西晋、东晋十六国至南北朝，止于隋开皇九年（公元 589 年）灭陈，中国重归统一。东汉末年由黄巾引致的社会大动乱，出现魏、蜀、吴三个分立的政权鼎立的政治格局，从此中国历史进入大分裂大动荡的时期，其间虽有西晋王朝短暂的统一，但接着迎来的是更加动荡混乱的东晋十六国时期，以后是长期的南北对峙，一直延续到隋朝统一方告结束。连年战乱和政权不断更迭，使社会经济屡遭破坏，传统的礼制也遭到极大破坏，并掀起了空前的移民高潮，引起不同地区不同民族间文化的不断流动、碰撞乃至融合。同时，这一时期又是中外文化互动的高峰期，特别是伴随着域外宗教的传入和扩散，许多新的域外文化艺术在中国产生深远影响。所有这一切都导致这一时期社会物质文化不断发生变化，文化的交融互动孕育着新的文化高峰的来临。也可以说三国两晋南北朝时期正是由汉文明，向更加辉煌的唐文明的漫长的过渡时期。因此，三国两晋南北朝考古学的研究，不仅对中国考古学具有重要意义，丰富了史学研究的内容，而且在世界文化史上也占有一定的位置。

第三阶段是唐代考古，公元 589 年隋朝完成了全国统一，但仅维持了29 年，隋王朝崩溃，经过群雄混战，最后李渊父子建立唐朝，中国又重归统一。从公元 618 年至 907 年，唐王朝的统治几近 3 个世纪。唐王朝覆亡后，古代中国再次出现分裂混乱的局面，中原北方形成梁、唐、晋、汉、周五代接续执政，而南方和西南等地区又陆续出现 10 个小的割据政权。直到公元 960 年赵匡胤取代后周建立宋朝以后，分裂混乱的局面方逐渐结束。唐朝在中国历史上是一个辉煌的时期，社会物质文化繁荣，文化艺术达到新的高峰。在中外文化交流方面也十分活跃，特别对东北亚诸古代国家影响深远，在世界文化史上占有重要位置。

反映着上述时代特征，汉唐考古学显示出以下特点。

一、对历史时期的都城的考古学研究，特别是都城的平面布局方面，三国两晋南北朝时期的都城平面布局具有重要位置。正是从秦汉时期以帝王宫殿为主的都城布局，向隋唐时期典型的封闭式里坊制城市转变的过渡发展阶段。

西汉都城长安虽然摆脱了先秦到秦咸阳布局的模式，但建造前仍缺乏整体规划，先建主要宫殿和武库，然后才围护宫殿修筑四面的城垣，开设城门，城内缺乏规划好的路网。在城内地势较高的南部和中部布满宫殿，宫殿分布分散，占据了全城面积几近三分之二。整个都城主要是皇帝和皇室享用的诸多宫殿的集合体。这也反映出中央集权专制主义政权初建时，力图显示皇权至上的初始形态，已能起到全国的政治经济文化中心作用。

自曹魏邺城（邺北城）开始，经曹魏、西晋洛阳，北魏平城、洛阳，至东魏—北齐邺城（邺南城），都城平面布局不断发生变化，宫殿由分散无秩转而高度集中于宫城，设置中轴线，以及垂直交错的道路网络，出现封闭的里坊，以及宗教寺庙。宫殿占地面积比例减少而相对集中，反而更进一步突出了中央集权专制主义中央政权的权威。因此三国两晋南北朝时期都城平面布局的发展演变，对以后中国历代都城平面布局有着深远的影响。

在三国时到北朝都城平面布局发展演进的影响下，隋朝建国后规划修建了都城大兴城，唐朝继续以之为都城，更名"长安"，形成封闭式里坊制的都城新布局。全城分为皇城、宫城和郭城，由贯通城门的纵横大道形成路网，皇城位置在城内中央偏北，内建宫城。设置从南垣正门直达皇城正门、宫城正门到主要宫殿正门的中轴线。皇城以外整个郭城内都是居民的居住区，整齐地划分为封闭式的里坊，宗教寺庙分布在里坊内。商业和手工业的市场布置在皇城前左右两侧，各占两坊之地，称东市和西市。唐长安封闭式里坊制都城的平面布局，不仅影响此后中国各朝都城的规划，更对同时期东亚诸古国都城影响深远。

二、自秦汉到隋唐，埋葬习俗发生了很大变化。

在西汉时期，埋葬方式由先秦时期广泛流行的土圹木椁，逐渐转为新兴的砖构墓室。皇帝陵园在承袭秦制的基础上，形成新的规制。王侯的墓葬中，除了大量豪华的随葬遗物外，出现显示身分的玉柙（后来更按级别分为金缕、银缕和铜缕）、黄肠题凑和大规模的从葬兵马俑坑等。到东汉时期，砖墓的规模更大，高官豪族崇尚前后多进的多室砖墓，并流行大规模的壁画墓或画像石墓。

到三国两晋南北朝时期，中国的埋葬习俗至少发生三次大的变化。先是曹魏时期帝王力主薄葬，中止了东汉末年社会上流行的丧葬豪华奢侈的风气。到西晋统一以后，厚葬之风再次抬头，但其表现已与东汉时不同，如出现了墓志等。到南北朝时期，埋葬习俗发生第三次变化。在南方，南朝政权重新恢复了由碑、柱、神兽组合的神道石刻，但造型与汉代有极大不同。地下墓室中大量装饰代替壁画的拼镶砖画。在北方，拓跋鲜卑建立北魏，统一北方后，加速了汉化的进程，融魏晋传统、民族习俗、南方新风于一体，逐渐形成埋葬习俗的新规制，到东魏北齐时期，新规制更加成熟，如具有带天井、过洞的长斜坡墓道的单室形制，墓室壁画的布局、随葬俑群的组合及墓志的放置已成定制，等等。三国两晋南北朝时期葬俗的三次变化，也正标示出埋葬习俗由汉向唐演变的三个阶段，最终孕育出唐代新的埋葬制度。

三、宗教遗迹，主要是佛教遗迹的大量涌现，是汉唐考古学的又一特点。在东汉末期，开始在墓葬中出现与佛教艺术有关的遗物。到东晋十六国、南北朝至唐朝，佛教遗迹包括寺院遗址、舍利塔基和石窟寺，还有在寺院遗址中发现的佛像埋藏坑，等等。揭示出佛教文化对中国古代文化的影响，也显示着佛教中国化的过程。

四、从考古勘察和发掘所获得的汉唐时期遗迹和遗物，反映出绘画和雕塑艺术在这一历史时期的发展势头迅猛，出现划时代的新成就。绘画艺术方面，以东晋南朝时期最为突出，并对当时北方和以后隋唐时期造型艺术有深远影响。

五、西汉张骞凿空，开通了中西交通的丝绸之路。到两晋南北朝时期，虽然政权更迭频繁，战乱不断，但是通过丝绸之路的中西文化互动从未停息，其中对中国文化影响最为深远的是佛教文化的传播，前已述明。此外，祆教（拜火教）也随着一些原居中亚的民族流寓中原而有所传播，祆教艺术也对当时中国的造型艺术产生一些影响。同时，自中亚、西亚及至地中海地区传入的生活用品和工艺品，也影响着当时人们的社会生活，甚至改变了中国固有的生活习俗。金银器、玻璃器，特别是高足坐具传入引起中国古代家具的变化，促使中国古代生活习俗发生全新的变化，这种变化到唐代更呈现出新面貌。

· 第二讲 ·

汉代社会生活和埋葬制度

（一）汉代都城的平面布局

公元前 202 年，诸侯及将相共请尊汉王刘邦为皇帝，时都雒阳。因齐人刘敬说，入都关中，七年（公元前 200 年）二月至长安，长乐宫成，丞相已下徙治长安（《史记·高祖本纪》）。长乐宫是由秦代旧宫兴乐宫改建而成。高祖八年（公元前 199 年）丞相萧何在长乐宫西龙首塬"营作未央宫，立东阙、北阙、前殿、武库、太仓"（《史记·高祖本纪》）。营作都城除宫殿外先建武库和太仓，且武库选址在未央、长乐两宫间居都城中心重要位置，亦显当时楚汉之争未决，军事占国政首要位置。未央宫除先建前殿，并立东阙、北阙，又表明当时宫城的东门和北门位置重于西、南两侧。重东门，或与其面对长乐宫有关。九年（公元前 198 年）未央宫成，高祖大朝诸侯群臣，置酒未央宫前殿（《史记·高祖本纪》）。后又在未央宫以北建北宫。但是直到十二年（公元前 195 年）四月"高祖崩长乐宫"时，长安还仅是多座宫殿的集合体，并没有构成有外垣围护、功能全面的国家都城。惠帝继位后又过了三年，方在诸宫殿四周围筑长安城四面的城墙。据《史记·吕太后本纪》，惠帝三年（公元前 192 年）"方筑长安城，四年就半，五年六年城就"。前后共用约四年的时间，修筑时大约是先筑西墙，然后依次筑南墙、东墙和北墙。由于筑墙时，长乐、未央等宫早已修建成一定规模，且各宫均筑有宫城。而且先后修建的诸宫，只有东、西或南、北方位的大致安排，但缺乏事先整体规划的布局，以至于在后来构筑外围的城墙时，为了将已修好并已使用的各座宫城都围护其中，一方面要迁就已存在的各宫殿的位置，另一方面还要受到地形限制，就使得西汉长安城四面的城墙的走向并不规整，特别是南墙和北墙。南墙因为迁就未央宫和长乐宫并不在一条直线上的两宫南宫墙，出现多处折曲之处。北墙又受地势和水道的限制，更是出现多处折曲之处，以致令后人误认为"城南为南斗形，北为北斗形，至今人呼汉京城为斗城是也"（《三辅黄图》）。在构筑四墙的城门时，明显是受到周礼的影响，《周礼·考工记》："匠人营国，方九里，旁三门。国中九经、九纬，经涂九轨。左祖右社，面朝后市。"所以长安城的四墙各开有三门（南墙为西安门、安门、覆盎门，东墙为霸城门、清明门、宣平门，北墙为洛城门、厨城门、横门，西墙为雍门、直城门、章城门）。但是由于各宫城早已建好，城门的设置也必须与之适应，特别是南墙，因为东边的长乐宫与西边的未央宫的东西面阔不同，所以南墙正中的安门并不在全墙居中的位置，左右的覆盎门和西安门又因分别要正对长乐宫和未央宫门，所以位置也有些偏移。而北墙因地势曲折，以及城内各宫城的阻隔，墙上开的三门位置既不匀称，也不与南墙三门遥相对应。例如由南墙中间的安门入城的大道，往北只通到由东墙北侧的宣平门入城的横向大道，需沿此大道向西折拐才能达到北墙居中的厨城门。而由北墙东侧的洛城门，入城的大道仅能到达宣平门大道，即因明光宫的阻隔而停止。总体看来，长安城的四墙构筑完成以后，城内南半部是未央宫和长乐宫，两宫间是武库。未央宫以北建有北宫（高祖时始建）和后来建造的桂宫（武帝建），长乐宫以北后来建有明光宫（武帝建），通常皇帝以未央宫为皇宫，太后居长乐宫，北宫、桂宫为后妃之宫，北宫中还有太子宫，这些宫殿占据了城内主要区域，特别是西南地势高亢之处，其总面积从平面图上看几占总面积的三分之二。但是虽然长安城内建有多座大型宫殿，但仍然难以满足皇帝的需求，武帝因城内已无适于再修建新的大型宫殿的地点，于是在太初元年（公元前104年）在长安城西垣外修建建章宫，并且扩建上林苑，大修昆明池，池中可供大型楼船游弋。长安城中贵族高官的甲第，分布在未央宫以北，北宫、桂宫之间。只有城内东北角宣平门内低洼之处，是供民居的闾里，据记载闾里数多达一百六十，如何安排，尚待考证。一些居民应居住于城外，附郭而居。《汉书·武五子传》等记长安城有东郭门，名称是"东都门"，据《三辅黄图》，东都门为长安城东垣宣平门外郭门，外郭筑有门，是否修有郭城？也是尚待究明的疑难问题。此外，长安城内桂宫以北的西北角设市，有西市和东市，西市在惠帝六年（公元前189年）建城时已存在，两市中间以横门大街作分界。原长安城中曾设太上皇庙和高祖庙，但自文帝以后，改在陵园附近建庙。明堂等主要的礼制建筑遗址，设置在长安城南郊，特别到王莽当政时，更在南郊大修九庙等礼制建筑。从长安城修建的历史进程，可以看出汉初承秦都咸阳旧制，是众多宫殿的集合体，在修建前没有完备的整体设计，宫殿布局亦无规划，基本上以修建供皇帝和皇室（太后、后妃、太子）的宫殿为主，也没有城垣。但随着中央集权专制主义国家政权的巩固和发展，都城功能的健全，长安城继续修建，首先是围筑城垣，安排城门的位置和规划主要道路、划分城内不同的功能区域。但是还没有能够改变以宫殿的组合体为建筑主体的情况。当时建筑行业服务的对象，是修筑皇帝和皇室的宫殿，也兼顾贵族高官的甲第，而一般民居建筑不受重视。

自20世纪50年代以来，对汉长安城遗址（今西安）的考古勘察和发掘工作取得很大成绩。首先探查清楚了四面的城墙，城墙夯筑，遗存高度在12米以上，基部宽度为12~16米，墙外有宽约8米、深约3米的城壕。经实测东墙长约6000米、南墙长约7600米、西墙长约4900米、北墙长约7200米，四面总长合汉代六十二里强，城内总面积约为36平方千米。每面墙开辟3座城门，总计12门，先后发掘了其中的霸城门、西安门、直城门、宣平门，以及横门。已发掘的几个城门都有3个门道，各宽6米，恰好等于当时4个车轨的宽度，与文献"三涂洞开"、"方轨十二"相合。但还有多座城门未经发掘，是否都是如此，尚待究明。北墙的厨城门和洛城门出门后面对渭河，河上架桥，已对厨城门桥（一号桥）和洛城门桥进行了发掘。厨城门桥南北长约880米，是使用了石构件的木桥。对城内的未

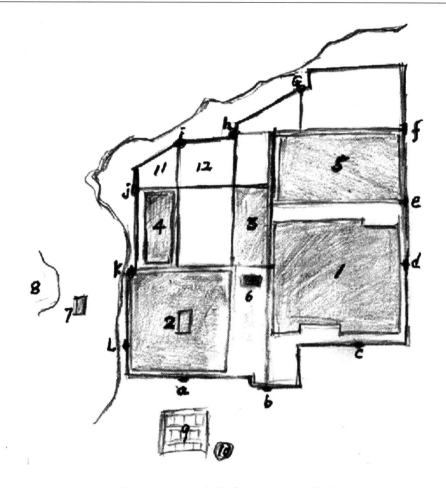

图 2-1　汉长安城遗址平面示意草图

1. 长乐宫　2. 未央宫　3. 北宫　4. 桂宫　5. 明光宫　6. 武库　7. 建章宫　8. 昆明池
9. 王莽九庙　10. 辟雍　11. 西市　12. 东市　a. 西安门　b. 安门　c. 覆盎门　d. 霸城门
e. 清明门　f. 宣平门　g. 洛城门　h. 厨城门　i. 横门　j. 雍门　k. 直城门　l. 章城门

央宫、长乐宫、桂宫和北宫都进行过勘察和部分发掘。对未央宫，勘察了宫城，发掘了西南角楼遗址，并全面勘探了前殿遗址，对椒房殿（皇后正殿）、少府（或其所辖官署）、中央官署等遗址都进行了发掘。对长乐宫遗址，经钻探已究明大部分的夯土宫城遗迹，其基础部分一般宽 5~9 米，最宽处达 12 米，经复原该宫东西直线距离约为 3000 余米、南北直线距离约为 2044 米，宫城周长约万米。四面宫城墙均设门，在东、西两门立有阙。宫城内中心宫殿区可能集中在城内西北部，已对其中的 6 处建筑遗址（编号为一号至六号建筑遗址）进行过试掘和发掘，其中的六号建筑遗址规模最大，主殿台基东西长约 120、南北宽约 50 余米，可能是长乐宫前殿的遗址。对桂宫遗址也进行了发掘，包括桂宫第二号遗址 A 区和 B 区、第三号和四号建筑遗址。目前只有坐落在城内东北明光宫的具体位置尚未能明确。除宫殿外，还对武库遗址进行了勘察和发掘，勘察清楚武库院落的围墙及其中的 7 座库房遗址，并进行了发掘。对西市遗址，发掘过烧造陶俑的官窑。又对长安城南郊的礼制建筑群进行了发掘。还对长安城郊的上林苑及昆明池遗址进行过调查、勘探和试掘。

到东汉时期，都城雒阳仍是以宫殿为主的平面布局。主要的宫殿有南宫和北宫，其中南宫为原来西汉时旧宫，东汉光武帝定都雒阳后不断扩建。到明帝时又在南宫北面营建北宫，规模宏大，宫内的德阳殿"周旋容

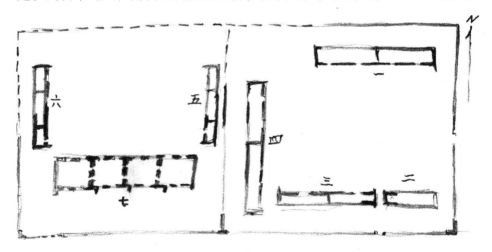

图 2-2　汉长安城武库遗址发掘平面示意图

（图中数字为发掘时各建筑遗址编号）

万人，陞高二丈"。并建造了连结北宫和南宫的复道，以保证皇帝往来时安全通畅。除南宫和北宫以外，在北宫东北有永安宫，北宫西侧有皇家宫苑——濯龙园。以上宫苑面积的总和，虽然比西汉长安略有减少，但是从总平面图上看也占据了全城面积的二分之一以上，表明城市布局仍以宫殿为主，但是与西汉长安城有所不同，宫殿建筑已集中于城中央稍偏北处，城内街道纵横布局亦较规整。当时的中央衙署办公的地点在南宫东南，如太尉府、司徒府和司空府。在北宫东北，设有武库和太仓。城的东西两面各设 3 座城门，北面只 2 门，南面为 4 门，共 12 门（南墙为津门、小苑门、平城门、开阳门，东墙为耗门、中东门、上东门，北墙为谷门、夏门，西墙为上西门、雍门、广阳门），每门亦 3 个门道，与长安城同。在宫西有"金市"，此外在城郊还有马市（城东郊）和羊市（城西郊）（据陆机《洛阳记》）。城内除上东门内有贵族高官居住区外，一般居民只能居住于城外，主要聚集在城门附近地区。

　　20 世纪 50 年代开始，对东汉雒阳城遗址（今洛阳偃师）开始进行探查，以后陆续开展勘察和发掘，究明了城的平面形状，城墙的规模、城门和城内主要街道的分布、武库和太仓的位置，并依据城门和城内主要街道的分布情形，推定了南宫和北宫的范围。重点发掘了城南的灵台等遗址。东汉雒阳，东、西、北三面城墙尚存遗迹，均用土夯筑而成，厚 14 ～ 25 米，南墙因洛河改道已被冲毁。经实测并复原，东墙长约 4200 米、南墙长约 2460 米、西墙长约 3700 米、北墙长约 2700 米，总长合汉代约三十一里。平面略呈长方形，南北约汉代九里，东西约汉代六里，故有"九六城"之称。城内主要大街，都通自城门，宽度约 20 ～ 40 米不等，各街互相交叉，分隔成 24 段，可能即文献中所记"洛阳二十四街"。南宫在中东门大街之南、耗门通广阳门的横街以北、开阳门大街之西、小苑门大街之东，平面呈长方形，南北约 1300 米、东西约 1000 米。北宫在中东门大街之北、津门大街之东、谷门大街之西，北近北墙，平面呈长方形，面积比南宫为大。并对南郊的礼制建筑遗址进行了发掘，包括灵台、

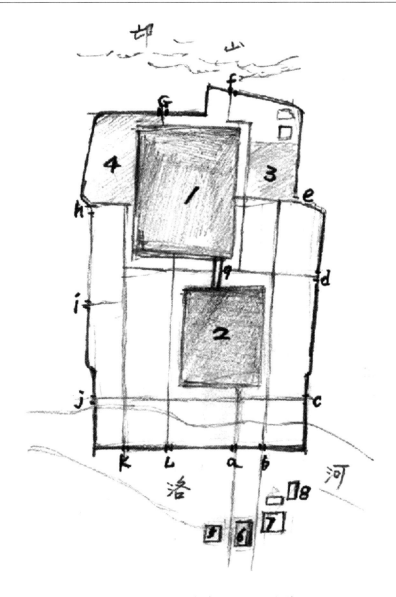

图2-3　汉雒阳城遗址平面示意草图

1. 北宫　2. 南宫　3. 永安宫　4. 濯龙园　5. 灵台　6. 明堂　7. 辟雍　8. 太学　9. 复道
a. 平城门　b. 开阳门　c. 秏门　d. 中东门　e. 上东门　f. 谷门　g. 夏门　h. 上西门　i. 雍门
j. 广阳门　k. 津门　l. 小苑门

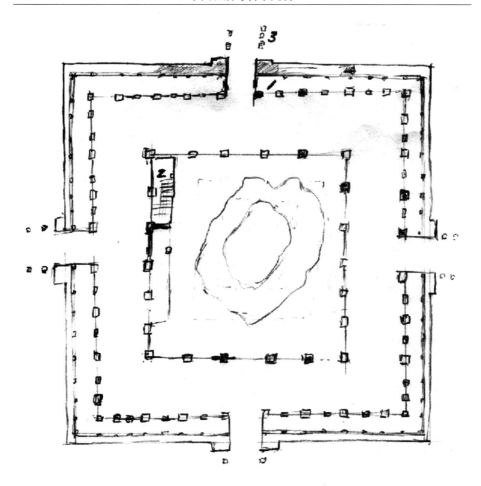

图2-4　汉雒阳城灵台遗址发掘平面示意图

1. 第一层廊房　　2. 第二层廊房　　3. 门外门亭柱础

明堂、辟雍和太学。它们都分布在距雒阳城南墙外约1000米处，由西向东排列，灵台遗址在最西面，向东隔平城外御道是明堂遗址，再向东隔开阳门外御道有辟雍遗址，在辟雍东北面是太学遗址。在太学遗址出土了153块汉代石经残石，其中能识别的有《鲁诗》、《仪礼》、《春秋》、《论语》及其校记等。

（二）汉代的建筑

西汉初期的宫殿建筑，应仍沿袭秦代旧制。据《史记·礼书》，西汉时礼仪制度，"大抵皆袭秦故"，又《汉书·百官公卿表》："秦兼天下，建皇帝之号，立百官之职。汉因循而不革，明简易，随时宜也。"宫室制度同样如此。在秦都咸阳曾对秦的宫殿建筑遗址进行过部分发掘，建筑史家也对其进行过复原推测，可看出主要是以巨大夯土台基为基础的台榭建筑，利用多层台基前后错落形成多重的效果。这种建筑也是战国时期流行的建筑样式，也可联想到对战国时中山王墓《兆域图》陵园王堂的复原，那也是台榭建筑。西汉的宫殿，同样以宏大的夯土台基为基础。未央宫前殿即选取高地势的龙首塬，如《水经注·渭水》所记丞相萧何当年系"斩龙首山而营之"，利用了原生的丘陵地势，对其四周及表面进行加工夯筑，形成宏大的台基，现存遗迹南低北高，尚高出地面0.6～15米，基址平面近长方形，南北长400米、东西宽200米，基址顶部呈北高南低的三层夯土台面，西汉时前殿原貌已难究明。目前仍为未央宫遗址中最高且体量最大的宫殿基址。对长安城南郊

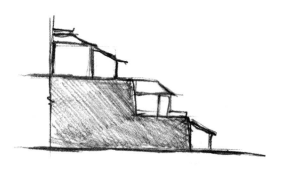

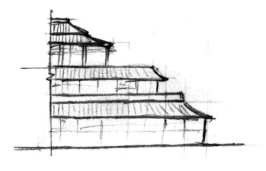

图 2-5 汉代高台建筑结构示意图

上. 剖面 下. 正面

大土门村的礼制建筑，也进行过推测复原，同样是在大夯土台基上的台榭式建筑。汉武帝时建章宫已建有高五十丈的井干楼（《汉书·郊祀志》），是积木转相交架如井干的结构，筑累万木而成。积木井干结构建楼工程浩大，只有皇宫中偶见。而真正木结构层层上建的楼阁，至少在东汉时期已经出现，虽无建筑实物，但东汉墓中随葬的陶质模型已获得有较多的标本，一般

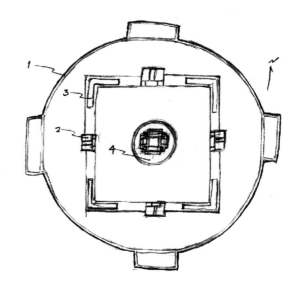

图 2-6　汉长安城南郊大土门村礼制
建筑遗址平面示意图

1. 圜水沟　2. 门　3. 曲尺形　配房　4. 中心建筑

平面呈正方形，高三层，也有少数陶楼高达五层的，楼层与楼层间常设有平座。在檐下和转角处多设斗拱承托，多为一斗三升，也有的层层上叠多重。有的陶楼立于水池中，应为水榭。由于东汉末地方豪强群起，各地坞堡林立，随葬的陶楼也反映出时代特色，多具有军事色彩，在楼的墙上悬挂强弩和盾牌，在平座上摆放张弩欲射的武士，骑马武士绕楼巡逻，在顶层设有报警用的金、鼓。正与壁画所绘坞堡中高耸的望楼相同，具有军事上制高料敌防御的作用。

　　汉代的地方城市的平面布局也有发现，如福建崇安城村汉城址。也可从一些图像资料看到一些汉代的小城和边城，如马王堆3号西汉墓出土小城图，以及和林格尔东汉墓壁画所绘护乌恒校尉幕府所在的宁城图。

图 2-7 河南陕县三门峡出土东汉陶楼及楼内二层四俑博戏示意图

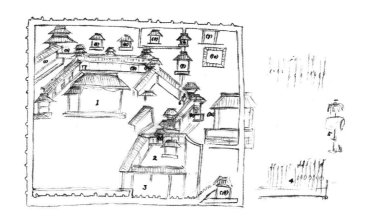

图 2-8 内蒙古和林格尔东汉墓壁画宁城图示意草图

1. 正厅 2. 庖厨 3 马厩 4. 门前兵栏 5、6. 建鼓

榜题：(1) 库 (2) 仓 (3) 营曹 (4) 司马舍 (5) [史] [舍] (6) 宁县寺门
(7) 宁城东门 (8) 齐室 (9) 营门 (10) 宁市中 (11) 莫府南门 (12) 宁城
南门 (13) 共官门 (14) 东府门 (15) 西门

在有关的图像资料中，如四川出土的画像砖和山东的画像石中都可看到宅院的图像，具有封闭院落，建有厅堂和楼阁。河南内黄三杨庄汉代庭院遗址的发掘，更为了解汉代庭院和家庭生活提供了标本。

汉代的建筑技术，已较先秦时期有较大发展。在大木结构方面，从墓葬结构及壁画（画像石和画像砖）图像等资料，可以看到木构架的结构方式主要有台梁式和穿斗式，也见干阑式和井干式。但是建筑物主要仍靠宽厚的夯土墙承重，特别是如武库等重要的库房，更是筑有宽厚的夯土墙，武库第七号库房建筑遗址的墙体，四面墙均宽 650 厘米。在建筑物中，普遍使用的"都柱"，柱头更多有斗拱结构，虽然建筑实例已无存，但是在墓中特别是石室墓或崖墓中保存较多，山东沂南画像石墓中的都柱，上承栌斗左右出栱托梁，形似一人直立两臂上举力托横梁，造型轮廓与战国曾侯乙墓双手托钟架的武士形貌青铜钟虡相似。在四川的崖墓中，还能看到结构更复杂的都柱，如三台郪江胡家湾崖墓中，都柱栌斗前出的栱上又托令栱上托室顶天花，已呈斗拱出跳的雏形。在画像石的画像及建筑模型的檐柱上，也常出现斗拱。汉代屋顶铺瓦，屋面形式有单坡、两坡悬山、攒尖、四阿等多种，屋顶之脊则有正脊、戗脊、垂脊等数种，有的正脊两端

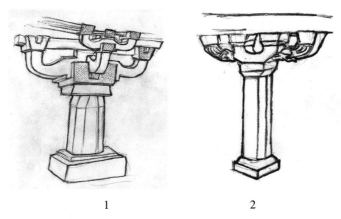

1　　　　　　　　　　　2

图 2-9　东汉墓内石雕斗拱举例

1. 四川三台郪江崖墓（胡 M1）　2. 山东沂南画像石墓

已有鸱尾形象。

　　建筑装饰最常见的是饰于檐口瓦端的瓦当，均用圆瓦当，装饰纹样以多种云纹图案最常见，常见的构图是自瓦当圆芯上下左右将圆面分成四个扇形区域，再对称布置卷云纹图案。次之是各种文字瓦当，有吉语也有宫殿名称等铭文，还有鹿、雁等动物纹样。四神图像的瓦当，多用于表明四方的特殊部位，如南郊礼制建筑四门，按方位分用相应的四神纹瓦当。室

图 2 - 10　大土门村礼制建筑出土瓦当示意图

内地面所铺砖，也有施以装饰图案的。或以画像空心砖为踏步，也常见四神纹样。建筑壁面和地面也常涂施彩色，柱和梁架、天花亦饰彩绘。宫室庙堂官署建筑内壁的壁面，也有的绘有壁画。

宫室殿堂所绘壁画，一般都有明确的政治目的，正如东汉王延寿《鲁灵光殿赋》中所讲的"恶以诫世，善以示后"。在皇宫中，最受重视的是表彰名臣功绩的画像，如西汉未央宫麒麟阁的霍光、张安世、苏武等 11 人画像，是宣帝甘露三年（公元前 51 年）因他们"皆有功德，知名当世，是以表而扬之"（《汉书·李广苏建传》）。东汉南宫云台图画的邓禹、吴汉等中兴二十八将及王常、李通、窦融、卓茂计 32 人画像，系明帝永平中追感前世功臣而作（《后汉书·朱景王杜马刘傅坚马列传》）。宫中还有"画室"，绘有尧舜禹汤及桀纣像（《汉书·霍光传》）。封于外地的诸王，宫殿中也绘有壁画，王延寿（文考）《鲁灵光殿赋》中，描述殿中壁画"图画天地，品类群生"绘有诸古贤帝王和亡国昏君，以及"忠臣孝子，烈士贞女"，其目的是"恶以诫世，善以示后"（《文选》卷一一）。但是也有些王在宫中，不遵法度，常按自己的喜好在其宫内绘画。例如广川惠王刘去在殿门画成庆像，作短衣大袴装束，腰佩长剑（《汉书·景十三王传》）。当他的侄儿刘海阳嗣王位后，竟"画屋为男女嬴交接，置酒请诸父姊妹饮，令仰视画"（《汉书·景十三王传》）。反映出汉朝王公贵族中猥亵淫荡风气盛行。在官署的壁面，也有的绘有壁画，如尚书省称"画省"，省中画古烈士（《初学记》引蔡质《汉官典职》）。随着时间的推移，两汉都城的宫殿建筑，屡经战乱毁坏，至今只能发掘到仅存于地下的基址，壁画早已无存，仅偶然有少量残块遗留下来，例如在西汉长安城长乐宫第四号建筑遗址发掘中，出土有一些小块壁画残块，但色彩尚艳丽，有黑、白、红、蓝、黄等色，可能为一些装饰图案，因过于残碎，画面内容已无法辨认。

（三）汉代的室内陈设

室内陈设，主要是墙壁装饰和日用家具。汉代宫室的壁面，除要平整光洁，有时还用胡粉涂壁。皇后所居宫殿，更以椒和泥涂壁，"取其温而芬芳也"。在装饰更为华美的宫殿中，还以丝织品装饰，使土墙壁面不外露，班固《西都赋》咏昭阳殿"墙不露形，裛以藻绣，络以纶连，随侯明月，错落其间，金釭衔壁，是为列钱，翡翠火齐，流耀含英，悬黎垂棘，夜光在焉"。除用丝织品张蒙壁面，还要在壁带等处悬垂各种华美的珠玉装饰，即"壁翣"。目前只能在汉画像石中看到其图像，如东汉沂南画像石墓。

汉代沿袭先秦以来的习俗，在室内席地起居，各种礼节制度亦以此为基础。因此当时日用家具的设计、制作和陈设，都是为了席地起居和与之有关的礼制的需要。概括来看，室内先铺筵覆盖全室地面，然后随需要铺设供坐卧、饮食、办公的家具，形成组合完整的供席地起居的家具，主要包括供坐卧的席和床、榻、枰，供置物的几、案，供屏障的屏扆，供储藏的箱、厨、篋、笥，以及一些特殊用途的家具，如放置兵器的阑锜等。此

图 2-11　山东沂南画像石墓有关壁翣画像举例

外，还有配合床的帐、帐构、围屏、承尘及压席的镇等。除家具外，还有供暗夜照明的灯具、熏香的炉具，等等。

田野考古发掘中获得的家具标本，主要来自墓葬中的随葬品，其中有的是葬入的日用实物，有的是为随葬制作的模型器，并不能反映出汉代家具的全貌。所以对汉代家具的形貌和使用情况的了解，还要借助于墓室壁画和画像石、画像砖提供的图像。汉代的木质大床没有发现过实物标本，从图像资料看大致还沿袭楚墓出土先秦木床的形制，床足低矮，以适合席地起居习俗。在望都所药村二号墓中室，放置一石床，长159、宽100、高18厘米，四足，附有双弧形饰。床横置，前放石案（长174、宽55、高18厘米）。坐床办公时，常在厅堂当门横陈。席的使用更广泛，是室内活动不可或缺的家具，举凡办公、授课、读书、会客、宴享皆用席，其铺陈的位置依不同场合随铺随撤。考古发掘获得的汉席标本，如马王堆汉墓出土

1　　　　　　　　　　　　　　　　　2

图 2 - 12　汉代坐姿举例

1. 河北满城西汉刘胜墓出土鎏金铜灯（1997 年为《美术考古半世纪》所绘）
2. 陕西窦太后陵从葬坑出土陶女俑

图 2 - 13 四川成都出土东汉宴乐画像砖所绘出的家具和酒具示意图

的锦缘莞席。独坐的木榻实物，仅在江苏仪征胥浦 101 号西汉墓出土有一件残木榻，长 114 厘米，通高 26 厘米。出土时上面放有木几和漆魁、耳杯等物，应是凭几独坐的坐具。此外还在河南郸城西汉墓出土过上面有"汉故博士常山大傅王君坐榻"铭记的四足青石榻（长 87.5、宽 72、高 19 厘米）。比榻更小的仅供一人独坐的枰，形近方形，也只在山西阳高古城堡汉墓出土过石枰，四角还各放一铜镇。供置物的漆木几案类家具，是依照需要随时放置于席、床等坐具前使用，考古发现较多。特别是一些食案上在出土时还摆满了饮食器皿或食物，如马王堆一号西汉墓中的长方形斫木胎漆案，案面的面积是 60.2 × 40 平方厘米，案面平底下有"轪侯家"铭文，下有高仅 2 厘米的四只矮足。案上放有五个小漆盘、一件耳杯、两件漆卮，小盘内盛食物，盘上还放有一双竹箸。云南桂家院子东汉墓出土有一件案面 64.1 × 42.7 平方厘米的铜案，下有高 14 厘米的四个蹄形足。案上放有七件铜耳杯、两双铜箸和一个小碗，耳杯内原放有鸡和鱼等食物，出土时骨骼尚存其中。放置于床、席等后面或侧面的庋、屏，也缺乏实物标本，仅马王堆西汉墓中出土过小型的漆木屏风，至于在广州南越王墓出土的屏风铜饰件，可以复原成大型中可开合的立屏，系王宫用具，并不是一般人日常使用的家具。张设在室内的帐，因帐体系织物而帐杆木质均易腐朽，只是在墓中保存有青铜帐构，在河北满城汉墓曾出土两套铜帐构，设置在一号墓前室中部的一套，有鎏金铜构零件102件，可以装配成14类构件，经复原是一具四阿顶的长方形帐，面阔约250、进深约150厘米。在前堂放置的另一套铜帐构，复原后是一具四角攒尖顶的方帐。由于汉代家具出土的实物标本不多，因此更多的汉代家具的形貌，还是从墓室内的壁画、画像石和画像砖的图像中看到的，而且图像中还生动地画出了在如宴饮、讲经等不同场合，各种家具的陈设方式和使用方法，画面生动而具体，使我们得以复原汉人生活的真实情景。

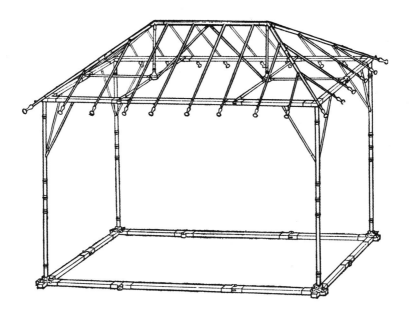

图2-14　西汉铜帐构（1:4181）复原透视图
（采自《满城汉墓发掘报告》图一二三）

（四）汉代的兵器

先秦时期，中国古代战争以车战为主，军队以战车兵为主力兵种，装备青铜材质的兵器。到西汉时期，从作战方式、军队的主力兵种到兵器装具的材质，全都发生了翻天覆地的变化。车战退出战争舞台，骑兵成为军中主力兵种，新锐的钢铁兵器和防护装具取代了青铜兵器。这些变化都与当时社会历史的发展演变密不可分。兵器的发展与当时军队的编成、军中主力兵种的变革分不开，更与当时抗击匈奴侵扰的和战争需要分不开。西汉前期社会经济的恢复和发展，为兵器的发展演变提供了丰厚的物质基础，而钢铁冶炼技术的进步，则为兵器从材质到性能的变革提供了技术保证。

公元前207年，秦末农民起义摧垮了秦王朝，继之出现了历时几年的楚汉战争。数量众多的反秦义军武装出现在战争舞台上，进一步改变了士兵特别是统军将帅的成分，屠夫、商贩等都成为统军名将，同时促进了战略、战术的发展和军队组织方面的变革。这种变革表现在兵种方面，就是骑兵的日益壮大，并在战争中日益发挥着更大的作用。部队中开始设置了专门统领骑兵的将领——骑将、骑千人将、骑都尉、骑长，等等。这种变革经过了漫长的过程，汉高祖刘邦于沛起兵反秦时，所组建的军队还是仿秦军旧制，以战车和步兵为主，骑兵很是薄弱，从沛反秦直到进军咸阳，战车总是冲锋陷阵的主要力量，军中猛将多是"以兵车趣攻战疾"，或是"材官蹶张"，立功晋爵。后来由于和项羽争雄，"军于荥阳，楚骑来众"，刘邦才认识到骑兵是解决战斗不可缺少的兵种，才积极组建了以灌婴为将的精锐骑兵部队——郎中骑兵。这支部队在击败项羽和歼灭割据的诸侯王的战争中屡建奇功。最后垓下一战，项羽突围，汉军追击并最后消灭了楚军余部、逼得项羽自杀的，正是这支骑兵部队。虽然如此，并没有改变汉军主力还是战车兵的状况。直到汉文帝时，情况还没有太多的变化。文帝十四年，匈奴入侵甘泉地区，抗御匈奴防守长安的部队，是"以中尉周舍、郎中令张武为将军，发车千乘，骑十万"（《史记·匈奴列传》），虽车骑并重，排位仍以战车居前。迟到景帝平吴楚之乱时，部队也还是车骑并重。决定性的变化是武帝时期，为了真正排除匈奴骑兵的袭扰，汉军骑兵才真正成为军队的主力部队和重要兵种，从而取得对匈奴骑兵由劣势到强势的根本转折，接连取得辉煌的战果。

汉高帝后，经过文帝和景帝时期的休养生息，汉朝经济很快恢复并有了很大发展，国家仓库中钱粮充足，同时民间养马业迅速发展。充足的粮食和养马业的繁盛，为建立强大的骑兵部队，准备了坚实的物质基础。西汉王朝文景时期恢复和振兴经济的政策措施，同样促进了钢铁冶炼技术和钢铁冶炼工业的发展，武帝时盐铁官营制度的建立，进一步扩大了钢铁冶

图 2-15　西汉骑兵推测复原图（1977 年为《骑兵和甲骑具装》所绘）

做复原时主要依据的材料举例：A. 咸阳杨家湾骑俑正面　B. 咸阳杨家湾骑俑背面

炼生产的规模，也更有利于工艺技术的提高。汉代钢铁冶炼技术的新发展，更使汉代钢铁兵器质量不断提高而且得以普及，20 世纪 80 年代以来重点对徐州狮子山楚王陵、广州象岗山南越王墓、河北满城中山王墓等诸侯王陵墓的出土的兵器材质进行金相鉴定研究，取得了可喜的成果。这些成果表明西汉钢铁兵器技术获得了较大发展，其一是先秦时已用于制作兵器的块炼铁、块炼渗碳钢技术，到西汉时更加成熟；其二是西汉时期创造了简易、经济的铸铁脱碳成钢的新方法，中国古代这种独特的生铁炼钢方法称为固体脱碳钢；其三是炒钢的发明，这是西汉早期出现的一项钢铁冶炼技术的重大发明，炒钢用于制作兵器，无疑加速了西汉钢铁兵器发展的进程。此外淬火、冷加工等多种热处理工艺都得到了广泛的应用，表明当时工匠对钢铁性能的认识提高到新水平。

汉军从车骑并用向以骑兵为主力转化的过程，到武帝时终告完成，从而扭转了汉初对匈奴侵扰被动防御的局面，开始主动发起对匈奴大规模的远征。从元朔元年（公元前 128 年）到元狩四年（公元前 119 年）十年间，汉军与匈奴军发生了好几次重大战役，双方动员参战的骑兵总数常常接近 20 万骑之多。汉王朝已有能力一次集结 10 万之众的骑兵部队，如在元狩四年即如此，随军的"私负从马"竟多达 14 万匹。这时汉军的骑兵已能进行战略性的远程奔袭，创造了大规模使用骑兵集团机动作战的战例。与此同时，战车退出战争舞台的中心场地，如元狩四年卫青击匈奴时"令武刚车自环为营，而纵五千骑往当匈奴"（《史记·卫将军骠骑列传》），武刚车即战车，这时只用于保障营地安全，或用于后勤运输。骑兵终于升为军队的主力，纵横驰骋于广阔的战场。骑兵的迅速发展，直接促进了适用于跨马作战的兵器、防护装具和马具的创制和改进，导致汉代兵器的生产完全供骑兵和步兵之需，呈现出与先秦时期完全不同的新面貌，适合先秦车战的青铜兵器彻底退出战争舞台。

通过对汉长安城遗址和帝陵陵园的田野考古发掘，特别是各地西汉时诸王侯墓葬的发掘，按葬入时间先后主要的有山东淄博窝托村齐王墓（公元前 189 年或公元前 179 年）随葬坑、徐州狮子山楚王陵（可能为公元前 175 年）、安徽阜阳双古堆汝阴侯墓（公元前 165 年）、广东广州象岗山南越王墓（公元前 122 年左右）、河北满城陵山中山王墓（公元前 113 年）和山东巨野红土山昌邑王墓（公元前 87 年），从这些墓的墓室中和从葬坑中随葬的丰富的实战兵器，分析这些兵器标本材质比例的变化，可以看清楚西汉时期钢铁兵器取代青铜兵器的演变过程，在年代最迟的巨野红土山墓中，实用格斗兵器已没有青铜的踪影，标示着兵器材质由青铜向钢铁转化的过程已经基本完成。兵器的设计和生产都适应着步兵和骑兵的需求，从品种来讲格斗兵器以戟、矛（或稍、铩）、刀、剑为主，远射兵器是弓和弩，防护装具是盾和铠甲。除盾牌、弩机和箭镞外，其余兵器的材质皆以钢铁为主。已获知的东汉考古资料表明东汉时期军中的主要兵器也一直是沿袭着西汉时的传统。

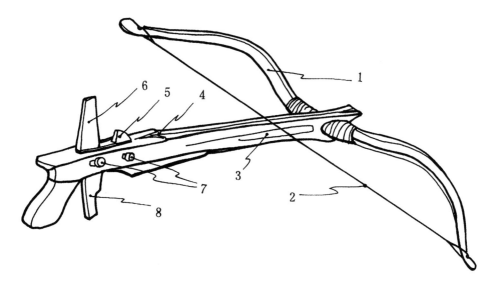

图 2-16　汉弩复原图

1. 弩弓　2. 弦　3. 弩臂　4. 矢道　5. 牙　6. 望山　7. 枢　8. 悬刀

图 2-17　铁戟形制的演变

1. 河北易县战国燕丛葬坑出土铁戟　2. 江苏盱眙东阳西汉墓出土铁戟　3. 四川三台郪江
东汉晚期崖墓（塔梁子 M3）石刻画像　4. 北魏宁懋石室石刻画像

在汉代，格斗兵器虽然还沿用传统的名称，如戟、矛和剑，但因材质和制作工艺的改变，具体形貌就与先秦时的同名青铜制品有明显的区别。战国末年已经出现的"卜"字形铁戟，就是戟刺和戟枝呈直角相交合为一体，在戟体下枝侧设多穿缚柲，柲冒横穿戟枝固定柲端。只是西汉时戟体增厚，以增强杀伤力，成为戟的标准形制。可装长柲，全戟长 250 厘米左右，适于骑兵战斗（大通下孙家寨简文称为"马戟"），也是步兵的长柄格斗兵器。也可装短柲（马王堆汉墓遣策简称为"短戟"），与盾配合，更适于步兵抵近格斗。还有以戟体为柄的"手戟"，为卫体防身利器。到东汉以后，戟的旁枝向上弧扬，逐渐形成向上的叉刺状，画像石中常见其图像。汉代铁矛形体修长，矛叶剖面呈菱形，下有长鋬。同样矛类兵器还有铩、铍、铤。骑兵和步兵用的矛区别在矜（柄）的长短上，骑兵马上作战，用的矛更长，称为"稍"。《释名》："矛长丈八尺曰稍，马上所持，言其稍稍便杀也。"为增强马上前冲刺的穿透力，东汉的铁矛有逐渐加长加大的趋势，福建崇安汉城出土的一件铁矛，长达 58 厘米；四川金堂焦山东汉墓出土的铁矛更长，从前锋至骹口长 84 厘米。手握柄的格斗兵器，西汉初以剑为主，铁剑与先秦铜剑形体最明显不同处，是铁剑两侧刃平直向前聚成剑锋，没有铜剑侧刃的两度弧曲。西汉时铁刀日益流行，因为刀只在一侧有刃口，另一侧则做成厚实的刀脊，同时去掉了侧刃的两度弧曲及尖锐的长剑锋。厚脊薄刃不但从力学角度看利于尖劈，而且刀脊无刃，可以加厚，因而不易折断。与传统的长剑比较，更适于装备骑兵挥臂劈砍。远射兵器以弓和弩为主，汉代更重弩，特别用于装备禁卫都城和边防的守卫部队。弩机多以青铜铸制，但在长安城遗址也出土过铁制的弩机和零件。弓弩用的箭镞，尚多沿用铜镞，但铁镞使用也日渐广泛，长安武库遗址出土箭镞已大多为铁镞。汉代的防护装具主要是盾牌和铠甲，汉军中普遍装备了钢铁制作的兜鍪和铠甲，在西汉的诸侯王墓和边防烽燧遗址都有实物标本出土，多经复原研究，都是由甲片编缀而成，甲片有大有小，甲片较大如简札编成的称"札甲"，甲片较小编缀细密的如鱼鳞称"鱼鳞甲"。中山靖王刘胜墓（元鼎四年，公元前 113 年），出土一件卷好陈放的铁铠，全重 16.85 千克。经过细致的复原，是用小型铁甲片编成的鱼鳞甲，共用铁甲片 2589 片，但形制却只有两类，一类为 1589 片，另一类为 1270 片，形制规整，说明当时铁铠的甲片形制日趋规律化、标准化，既宜于大规模生产，也易于编缀和修补，才能使铠甲在战斗中局部损毁时，可尽快修复，得以及时重新投入使用，保证了军队的战斗力。到东汉时也出现一些特殊的钢铁兵器，如将铁矛和斧合装在一起的"铖戟"。它可突刺可砍斫，但只在河南浚县、郑州等几座东汉墓中有发现。还有将铁制盾牌上下前伸出长钩的"钩镶"，在画像石中有用钩镶战斗的图像。

各种兵器在西汉军中组合装备的情况在考古发掘资料中也有所反映。西汉初年军队中士兵的标准兵器装备，可以由汉景帝（死于后元三年，公元前 141 年）阳陵陵园南区从葬坑陶俑佩执的模型兵器反映出来。这些模拟士兵的陶俑披有木甲片制的铠甲，佩执有铁戟、矛和剑、镞，铜弩机、箭镞和承弩器，以及木盾。表明当时步兵的标准装备格斗兵器中长柄的是铁戟和铁矛，手握短柄的是铁剑，防护装具是披铠执盾，远射兵器是弩（装置青铜弩机，弩箭上配用铁镞和铜镞，以铜镞为多）。长沙马王堆三号汉墓（约文帝十二年，公元前168年）出土木牍和遣策简中所记，为轪侯卒从的人数和所装备的兵器，其中的从（墓主人在禁中的亲近兵卫）有196人，兵器有长矛（8人）、短铩（60人）、革盾（8人）、盾（60人）、短戟（60人）；卒（正规的步兵）有300人，兵器有长戟应盾（100人）、长铩应盾（100人）、操弩负矢（100人）。表明地方部队步兵的格斗兵器与防护装具以戟或戟与盾组合，远射兵器是弩。西汉初步兵装备的剑盾组合，后来逐渐为刀盾组合所取代，到东汉时画像石的战斗场景中步兵均执盾挥刀。从杨家湾西汉墓陶俑，也可观察到当时步兵和骑兵的装备，步兵披铠执盾，手执的长柄格斗兵器均佚，应为戟（或矛）。骑兵装备的铠甲，为便于骑马动作，甲身较短，长仅及腰，护住前胸和后背，以带系结于肩头，不用披膊。当时马具尚不完备，只有简单的鞍垫，没有马镫。狮子山汉墓骑兵俑与杨家湾墓骑俑相同，还有"飞骑"榜题。以后到东汉时，才出现高鞍桥的马鞍。至于远射兵器，骑兵还以弓矢为主，同时也使用弩。《汉书·韩延寿传》："令骑士兵车四面营陈，被甲鞮鍪居马上，抱弩负籣。"说明骑兵用弩的情况，但因在马上只能用臂力张弩，故仅能用臂张弩，而无法像步兵那样可装备威力更大的蹶张、腰引等强弩。

（五）汉代埋葬制度

两汉时期，一直崇尚厚葬。埋葬在全国各地的两汉墓葬数量众多，自20世纪50年代以来，经过发掘清理的汉墓已有数万座，除了对皇帝的陵墓的墓室尚未经发掘过以外，从诸侯王墓到平民的墓葬都有发掘资料，获得了颇为丰富的考古资料，已可对两汉的埋葬制度有了较清楚的认识。

　　汉承秦制，所以西汉初年皇帝的陵墓制度大致仍沿秦旧制，但受当时经济、政治等因素的制约，在有些方面较秦简约，如秦始皇陵随葬俑坑出土陶俑制作得与真人等高，而汉陵随葬俑坑出土陶俑则缩减至如人体高的三分之一，如汉景帝阳陵出土陶俑。但数量仍然众多，且制作更为精细。同时帝陵的墓园建筑十分宏大，现已对宣帝杜陵的陵园和寝园进行了考古勘探和重点发掘，究明在平面方形的陵园中央是高大的方形覆斗状封土，陵园四面设门，勘探出地下墓室亦为4条墓道。寝园在陵园南门外东侧，内设寝殿和便殿。孝宣王皇后陵在宣帝陵东南，形制大致相同，寝园在陵园南门外西侧。各地诸侯王的陵墓，已有较多发现，主要有凿山为藏的崖洞墓和穿土为圹的"黄肠题凑"墓两个系统，前者举例如徐州狮子山楚王陵和满城中山靖王刘胜墓，后者如北京大葆台"黄肠题凑"墓。墓内均随葬

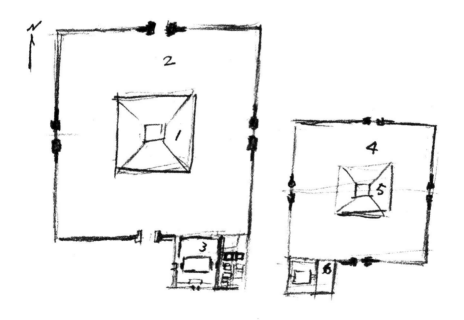

图2-18　陕西西汉杜陵陵园考古发掘平面示意图

1. 汉宣帝陵封土　2. 宣帝陵园　3. 宣帝陵寝园　4. 王皇后陵封土

5. 王皇后陵园　6. 王皇后陵寝园

玉柙（玉匣）车马及数量众多的随葬品。汉代的官员乃至平民的墓葬，各地发现数量众多，其结构有土圹木椁、砖室及崖洞墓多种，身分高的则重椁多室，身分低的则多单室，最低的仅有土圹。视身分不同，在地面亦筑封土，设墓园、祠堂，洛阳东郊发掘的东汉墓园遗址，应能反映着东汉晚期二千石身分官员的墓园面貌。值得注意的是，依汉代葬俗，不论死者身分高低，墓室构筑得豪华还是简陋，均尽其所能地放置随葬品或模型明器。在墓室内，有的加绘壁画或嵌砌画像石及画像砖。

汉代崇尚构筑豪华的墓室和大量置放随葬品，特别是将生前生活实用品放置其中，其原因之一，是当时将墓室视为阴宅。这应是汉代人对墓葬的意义的主要认定，或用现代的说法，就是当时人们设计和修筑墓葬的基本目的。汉魏当时具有代表性的看法，可见《三国志·魏书·文帝纪》中魏文帝曹丕所作《终制》，其中明确说明他对墓葬的看法："夫葬也者，藏也，欲人之不得见也。骨无痛痒之知，冢非栖神之宅"。也就说明一般人是认定"冢"即为"栖神之宅"，即阴宅。在画像石墓发现的题记中，也

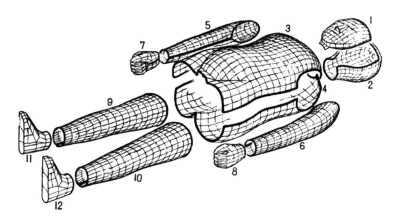

图 2－19　西汉玉柙举例：满城汉墓出土刘胜玉柙结构示意图
（采自《满城汉墓发掘报告》图二七七）

1. 脸盖　2. 头罩　3. 上衣前片　4. 上衣后片　5. 右袖筒　6. 左袖筒　7. 右手套　8. 左手套
9. 右裤筒　10. 左裤筒　11. 右鞋　12. 左鞋（以上名称均为复原时今人所定名）

将墓室称为"宅",如陕西绥德东汉永元十二年(公元100年)王得元墓题记为"永元十二年四月八日王得元室宅"。所以汉代人总是尽可能地将阴宅模拟人间现实的室宅,也尽可能将人间生活需要中的物品(或模拟实物的模型器)随葬于阴宅中。

汉代崇尚厚葬的另一个原因,在于源于孝道而厚葬,而高官富豪为了表现,更是追求豪华,显示其身分地位或豪富,正如王符《潜夫论》所论:"今京师贵戚,郡县豪家,生不极养,死乃崇丧。或至金缕玉匣,楩梓楩柟,多埋珍宝偶人车马,造起大冢,广种松柏,庐舍祠堂,务崇华侈。"

汉人冢墓追求豪华显示身分的象征物,除构筑豪华的墓园建筑和墓室外,从诸侯王墓来看,应属珠襦玉柙、黄肠题凑。而大量金、铜、漆、玉等随葬品,则是显示阴宅豪华与否的象征物。数量众多的陶质或木雕的兵马军阵俑群,则是身分与地位的象征物。至于壁画,看来在西汉时尚未受重视,除梁王墓外诸侯王墓中通常不绘壁画,一般人墓中如洛阳汉墓中壁画墓所占比例亦甚少。只是到了东汉,特别是晚期,壁画才被二千石的官员视为在墓中显示身分的象征物。

(六)汉代墓葬中的壁画

在已经发掘清理的大量两汉墓葬中,绘有壁画的墓葬所占比例甚少。目前的田野考古资料中,基本上可以认定的两汉诸侯王、王后的墓葬,已超过40座,其中发现有壁画的仅梁王墓巨龙等壁画一例。至于汉代官员及平民的墓葬,各地已发掘清理的数量极多,仅河南洛阳一地发现的数量已约3000座,其中绘有壁画的仅10余座。虽然两汉帝陵没有被发掘过,但从诸侯王墓缺乏壁画来看,很难说有壁画,何况直到北朝时帝陵尚不绘壁画,已发掘的大同方山北魏文明皇太后永固陵和原为孝文帝修的"万年堂"、洛阳北魏宣武帝景陵、咸阳北周武帝孝陵,墓内都不绘壁画,应仍遵循汉魏遗制,亦可为证。

中国学者对墓室内绘有壁画的两汉墓的田野发掘，是自 20 世纪 50 年代开始的，目前已发表的资料较完整的已超过 40 座。新中国建国前也曾有些发现，盗墓者在洛阳掘出的部分汉墓壁画和绘彩空心砖，已被卖到欧美的博物馆，例如传洛阳"八里台"汉墓壁画，流出国外后现藏美国波士顿艺术博物馆。另一些洛阳出土的绘彩空心砖，有些藏于欧洲的博物馆，如英国大英博物馆藏有 3 块。在日本军队占领中国部分领土的时候，曾有日本人对东北地区的壁画汉墓进行过发掘，并发表过报告，最值得注意的是辽宁金县营城子汉墓。

新中国建国后发掘清理的汉墓中，出现有壁画的年代最早的实例，是河南永城芒山柿园梁王陵墓，特别是绘于主室墓顶的巨龙壁画，面积520 × 320平方厘米，在目前发现壁画的汉墓中，所葬死者身分最高。还有广州南越王墓，在前室石壁和石门上以朱墨两色绘有云纹图案，也可视为壁画。

除以上两座王陵外，西汉时期墓内绘有壁画的墓葬，主要发现于西汉的长安城和雒阳城两京地区，即今陕西西安和河南洛阳一带。在陕西发现的西汉壁画墓，已发表报告或简报的较重要的墓葬是 2004 年发掘的西安理工大学 1 号墓和 2008 年发掘的曲江翠竹园 1 号墓。还有西安交通大学壁画墓，墓顶壁画的天象图引人注意。理工墓和翠竹园墓所绘壁画的题材，墓室壁面都以社会生活为主，也有身披毛羽的仙人和云气，墓顶绘天象。但其绘画技法却各具特色。理工墓壁画中宴饮和出行狩猎诸图像，形貌纤巧，用笔精致细密，如与现已发现的西汉初年的考古标本相比，不禁令人忆起湖南长沙马王堆西汉初轪侯家族墓出土的帛画（1 号墓和 3 号墓的"非衣"帛画、3 号墓椁内悬的帛画），以及漆棺上的漆画，表明与先秦楚地绘画的传统有联系。在古代史籍中，可以看到西汉初长安宫廷文化中楚风的影响，理工墓壁画的发现，或许可视为楚风在西汉都城长安的影响在绘画方面的表现。这是值得今后继续深入探讨的课题。至于翠竹园墓壁画，所绘人像形体硕大，高与真人等身，用笔粗放，浓色平涂，没有明显的外轮廓勾线，呈雄浑风貌，自然与前述楚风无涉，当另有渊源。不禁让人联想强秦造型艺术追求壮丽恢宏的时代风貌。追溯经田野考古发掘获得的秦代壁画标本，目前仅知在秦都咸阳发掘宫殿遗址时，发现的在廊道中残留的壁画。从发表有彩色图版的车马图像来看，驾车骏马似为浓色平涂，不见明显的轮廓线，奔跑的体姿动感强烈，车马整体雄浑有力。虽然只是宫殿建筑群体的一处不甚重要的廊道的装饰图像，仍可从一滴水去推想秦宫主要装饰图像粗硕雄浑的风貌。因此曲江墓壁画的风格有可能上承秦制，亦未可知。总体看来，西汉时政经文化的主流是承袭秦制，但文化艺术领域又深受楚风影响，近年西安地区西汉墓室壁画的考古发现，为这方面的探究提供了值得特别注意的新线索。

对洛阳地区的西汉墓室壁画的考古发掘，时间早于西安地区，特别是20世纪50年代末在洛阳烧沟村南61号墓中发现天象等壁画后，经夏鼐、郭沫若（郭沫若：《洛阳汉墓壁画试探》，《文物精华》第3辑）等学者论述，极大地引起人们的重视。而后又在烧沟村西发现的另一座壁画墓中，出土有印文为"卜千秋印"的桥钮铜印，是为首座明确知道墓内所葬死者姓名的西汉壁画墓。1992年还在浅井头发现一座与卜千秋墓壁画内容近似的西汉壁画墓（以后在2000年也在新安磁涧镇里河村出土一批内容近同的壁画空心砖）。由于20世纪50年代到90年代时，西安的理工墓和翠竹园墓尚未发现，因此在20世纪后半叶的学术研究中，都认为洛阳地区是西汉壁画墓中心所在，并引领了西汉墓室壁画的时代风尚。进入新世纪后，随着西安地区对西汉壁画墓新的考古发现，才扭转了上述错误的认识。与都城长安的壁画墓中砖壁满绘大幅壁画不同，洛阳地区发现的这几座都是空心砖墓，

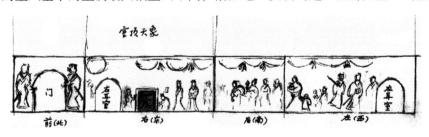

图 2-20　西安翠园村西汉墓内壁画展开示意图

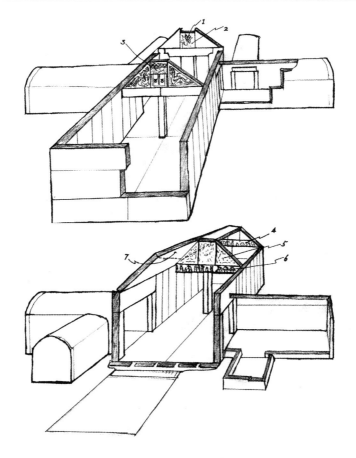

图 2 - 21　洛阳烧沟南 61 号西汉空心砖墓透视图内壁画位置示意图
1. 泥塑羊首　2. 神虎食女魃　3. 门扉龙虎　4. 傩傩神食烤肉　5. 神兽　6. 历史故事
（二桃杀三士、孔子见老子）　7. 屋脊内绘天象

只在壁面局部有小幅壁画，主要绘在顶脊，还有侧坡或隔墙及后壁的上侧，内容以天象（日、月及星宿）、驱邪（方相、神虎食女魃）为主，以及"二桃杀三士"等历史人物故事，但缺乏描绘现实社会生活的画面。同时在大量与卜千秋墓同类型的空心砖墓中，多不作壁画。即使偶绘有少量壁画的墓中，其题材也呈现不确定性，各墓多不近同，表明当时壁画因不被重视，并没有形成规范的制度。

新莽时期的壁画墓，主要发现于洛阳地区，已发表发掘简报的几座，如洛阳金谷园、尹屯和偃师辛村的壁画墓。墓内壁画面积增大，世俗生活宴乐内容增多。

图 2 - 22　河北逯家庄东汉墓墓主壁画示意图

到东汉时期，带有壁画的墓葬分布范围明显扩大，除河南、陕西外，在山西、山东、河北、内蒙古乃至辽东半岛地区陆续有所发现。其中以河北望都一号汉墓发现最早，清理于 1952 年。由于东汉中期以后，葬俗有所变化，相当二千石的官员的墓中开始流行绘制壁画，所以绘画的题材也随之变化，成为显示身分地位的象征物之一。从而显示二千石高官身分的莫府衙署、门下属吏、出行车骑、墓主坐帐等画面，逐渐成为壁画的主要内容。以属吏为主的壁画墓，典型墓例如望都一号墓。用车骑出行队列表现死者生前仕途升迁的连续画面的壁画墓，典型的代表墓例有河南荥阳苌村汉墓和内蒙古和林格尔东汉墓。荥阳苌村汉墓，在墓道绘有属吏，榜题有"门下贼曹"、"主簿"等，而前室侧壁则绘上下四栏规模浩大的连续的出行车马行列，按顺序不同组合的行列中的主车都有榜题，如"郎中时车"、"供北陵令时车"、"长水校尉时车"、"巴郡太守时车"、"济阴太守时车"和"齐相时车"。和林格尔汉墓壁画，同样以附有榜题的车骑出行显示死者从"举孝廉"，经为"郎"、"西河长史"、"行上郡属国都尉"、"繁阳令"直至二千石的"使持节护乌桓校尉"的仕途经历，不同官职时的属吏和从属车骑，都仔细绘出，以显示身分地位。更以死者生前最高官位的护乌桓校尉幕府，和幕府所在的宁城图为全墓壁画的中心。至于庄园牧场，乃至历史人物、祥瑞仙人等等题材的画面，在和林格尔墓壁画中则居从属地位，值得注意的是还在墓室顶壁画中出现了佛教题材的"仙人骑白象"画面。在河北安平逯家庄东汉墓中，除有大幅的车骑出行图像外，已出现墓主正面坐帐画像，还有庄园、坞堡的画面，墓内有汉灵帝"熹平五年"（公元176年）纪年铭。死者正坐帐中图像在墓内出现，应反映着东汉末开始流行在墓室前堂设奠的习俗的流行，与墓内受奠有关。可惜东汉带有壁画的大型多室砖墓，几乎均已被盗一空，无法将墓室壁画与随葬遗物综合考察，这也是考古资料的局限性。总之，今后只有从地上墓园、墓室结构、随葬遗物与室内壁画（也应包括画像石、画像砖）全面综合分析，才能更清楚地阐明墓内壁画在汉墓研究中的恰当地位。

过去对有关汉墓壁画的考古发现，人们多从艺术史或图像内容考释的视角去诠述，但是那些壁画本是被汉代的人画在墓葬之中的，所以它们本身与墓仪有关，是葬俗的一部分，对它们的考古学考察，也应从对墓葬的整体分析出发，或许对汉墓壁画能有更接近事物本质的了解。汉代墓葬中壁画资料的局限性，也就提醒我们在利用这些实物史料进行美术史研究时，应清楚在目前缺乏传世汉画资料的情况下，终究这些汉墓壁画开启了一扇得以窥视汉代绘画艺术的窗洞，但与当时的殿堂壁画等相比，它们并不能代表当时绘画的最高水平，加上其题材受丧仪制约的局限性，所以应对其有恰当的认识。虽然如此，考古发现的汉墓壁画，还是为研究汉代物质文化、社会生活诸方面，提供了许多有用的形象资料。也在一定程度上弥补了缺乏传世汉画作品的缺憾，为研究汉代绘画提供了重要的实物史料。今后还应该进一步开展对于汉代壁画墓的全面的考古学研究。

三国两晋社会生活、埋葬制度和绘画

（一）三国两晋都城的平面布局

东汉末年，群雄割据，曹操挟天子以令诸侯，终于消灭中原北方的割据势力，统一了长江以北的广大领域，但仍在名义上尊奉汉朝皇帝，沿用建安年号。曹操于建安十三年（公元208年）用汉帝名义自任相国，十八年（公元213年）封魏公，二十一年（公元216年）晋爵魏王。自从建安九年（公元204年）破袁尚占领邺后，即经营其地以为自己的根据地，后来营为魏王都。由于曹军攻邺时，曾"作围堑，决漳水灌城；城中饿死者过半"（《三国志·魏书·武帝纪》）。因此被曹军攻占后，邺城残毁过甚，整个城市几成废墟。所以曹操修邺城是在废墟上再建新城，因而有条件采用新的设计，规划全城的布局，建成具有特点的新王都。在建成使用后，又陆续有所修建，建安十五年（公元210年）冬作铜雀台，十八年（公元213年）"秋七月，始建魏社稷宗庙。……九月，作金虎台"（《三国志·魏书·武帝纪》）。成为三国时期曹操统治北方的政治中心，实际具有国都的功能。后曹操子曹丕代汉称帝后，曹魏正式定都洛阳，"改长安、谯、许昌、邺、洛阳为五都"（《三国志·魏书·文帝纪》注引《魏略》），邺仍为魏国五都之一。

邺城遗址在今河北省临漳县，因其南有后来东魏、北齐时的邺城，故习惯称东汉建安年间也就是三国时期曹操所建邺城为"邺北城"。20世纪50年代已对邺北城遗址进行过踏查。70年代以来，更对邺北城大规模开展田野考古工作，已完成对城墙、城门、城内道路及宫殿区的勘探和重点发掘。

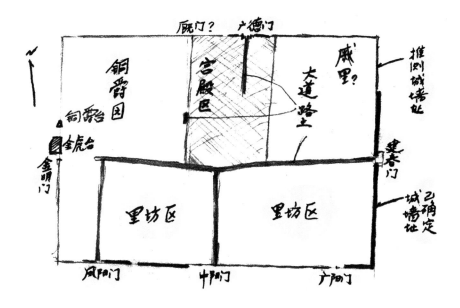

图 3 - 1 三国时期魏王都邺城（邺北城）遗址考古勘探情况示意图

邺北城的城墙在地面已无迹可寻，经钻探可知筑城墙前先掘基槽，墙体以土夯筑，地下残高最高处仅 1 ~ 2 米，南墙大部分被探清，东墙已探清 1300 米，北墙探明 350 米的一段，西墙墙基经反复钻探，已得到线索，尚需进一步工作。城墙的四角，仅能探明城的东南角。根据钻探所得，从而可以依据城墙的位置和走向，大致确定了城的平面轮廓。可知城址呈东西长的长方形，东西（东墙至金虎台）长 2400 米，西墙南段突出一段，故东西最宽处为 2620 米，南北长 1700 米，城墙宽 15 ~ 18 米。其实际范围小于《水经注·浊漳水》所载的"东西七里、南北五里"（以西晋尺度，一尺约为 24 厘米，一里为 432 米）。

城内的主要街道，已探明 6 条，有 1 条横贯全城的东西大街；在这条东西大街以南，探明 3 条纵向的南北大街；在东西大街以北，探明两条纵向的南北大街，但西侧的街道仅探出 70 米一段，宽 10 米左右，尚需再进一步工作核实。据《水经注·浊漳水》条，邺北城"有七门，南曰凤阳门，中曰中阳门，次曰广阳门，东曰建春门，北曰广德门，次曰厩门，西曰金明门"。但是由于城门的遗迹保存不好，仅在东墙距东南墙角 800 米处发现 1 座门址，还在北墙发现 1 座门址。但是由街道走向与城墙交会的地点，大致可以推定其余城门的位置。东墙探明的门为建春门，与之对应东西大街西端西墙上应为金明门。东西大街以南 3 条大街所对南城 3 门，中为中阳门，西为凤阳门，东为广阳门。东西大街以北 2 街所对北墙 2 门，西为厩门，东为广德门，但西侧的街道尚需核实，故厩门的位置目前尚待确定。

在东西大街以北的中央部位，已发现 10 处夯土建筑基址，有的东西 57、南北 35 米，有的东西 39、南北 60 米，也有的东西 45、南北 75 米。应是宫殿区遗址，但未发现宫墙。因遗址均处在地下 3.5 米以下，已处地下水位以下，目前难以发掘。在这片遗址以西，也探出一些建筑基址，应属"铜爵园"范围。其西即著名的三台，现金虎台夯土基址保存尚好，现存南北 120、东西 71、高 12 米。其北 83 米为铜爵（雀）台基，夯土基址仅存东北角，南北 50、东西 43、高 4～6 米。其北的冰井台，钻探至地表 8 米，仍是沙土，尚难寻遗迹。

依据勘察和发掘资料，已可对邺北城的平面布局进行初步复原。可以看出在邺北城横贯全城的大街北部中央是宫殿区，南部是居民的里坊区，北部宫殿的西侧是铜爵园和三台，东侧有衙署和戚里。南墙正中的中阳门，正对宫殿区的正门止车门，有纵向大街贯通两门之间，然后再向内达端门直到正殿文昌殿，形成最早出现的中轴线。

曹操所建邺北城虽然不是都城，仅为王都，但却是曹操当政的建安年间实际的政治中心。建安二十四年，孙权上书称臣，劝曹操代汉称帝，侍中陈群、尚书桓阶奏曰"汉自安帝已来，政去公室，国统数绝，至于今者，唯有名号，尺土一民，皆非汉有，……殿下应期，十分天下而有其九，……"（《三国志·魏书·武帝纪》注引《魏略》）。道出当时的实际情况，故当时政权中心并不在汉帝所居的洛阳，而在曹操所在的邺城。因此其创新的城市平面布局，有着划时代的意义，对后世的都城平面布局影响深远。其特征主要有下述几点：

第一点，城中宫殿区集中到城内北部中央位置，所占面积明显小于两汉时期。外朝与内朝并列。出现纵贯全城的中轴线，由南墙正门到宫城正门直到主殿门，进一步显示了中央集权最高统治者的权威。城内纵横大道垂直交错，都城平面布局规划日益规整。

第二点，一般官员居民所居住的里坊区日渐扩大，占城内南半部及东北角，近全城二分之一的面积。开中国古代封闭式里坊制城市之先河。

第三点，由于当时战乱不止，基于军事需要，城防工事更趋完备，特别注重城防制高点的控制，邺城西北部分的三台，不仅为园林观赏，更起着军事制高点的作用。

总体看来，宫殿的退缩集中和民居里坊的发展，纵横街道和中轴线的出现，对以后的都城平面布局有深远影响。同时，表明自汉至唐时期城市性质发生的变化已经开始。

对于从建安末年到曹魏建国乃至西晋的都城洛阳，虽然进行了考古工作，但目前还不清楚那一时期详细的平面布局。但能知道魏晋时洛阳已改变了原来东汉雒阳南北两宫的规制，与三国时邺城一样将宫殿区集中在城内中部偏北处。并且沿用城南郊的灵台、明堂、辟雍和太学。已发掘出西晋咸宁四年（公元 278 年）所立辟雍碑的碑座，辟雍碑已早在 20 世纪 30年代出土，碑额题"大晋隆兴皇帝三临辟雍皇太子又再莅之盛德隆熙之颂"。表明该碑原立于辟雍中心建筑台基的南侧。曹魏洛阳也与邺城一样，在城垣西北角建有高层建筑，由文帝建有百尺楼和明帝建有金墉城，形成全城军事上的制高点。经考古探查，已明确目前在汉魏洛阳城西北角伸出的 3 个小城中，靠北的两座（甲城和乙城）是北魏以后所筑，而靠南的丙城，建筑年代不晚于东汉晚期至曹魏初期，应是魏明帝创建的金墉城。在洛阳大城西北角丙城东墙与大城北墙相接处的方形夯土基址（阿斗坟），且其夯土修筑时代早于丙城，应即《河南志》和《洛阳伽蓝记》所记魏文帝所建百尺楼。

关于南方的孙吴政权的都城遗址，曾对武昌城址作过勘察，存有平面矩形的夯土城墙，城内北部似有子城，大约是武昌宫的所在，城西有郭城遗迹，再西为武昌港口樊口。武昌故城形势险要，又有良港，是当时控制长江中游的军事重镇。至于孙权称帝时的都城建邺，目前还缺乏了解，依据目前的田野考古发现尚难测绘出准确的遗址平面图。

（二）三国两晋的墓葬

三国两晋时期，埋葬习俗发生过两次大的变化，依次分述于下：

第一次变化发生于汉末三国时期至曹魏，突出表现是帝王力主薄葬，代表人物是曹操和曹丕父子，不仅下令薄葬，而且他们自己也是身体力行。早在曹魏建国之前，曹操于建安十年（公元205年）春正月，已下令禁止厚葬（《三国志·魏书·武帝纪》）。同年又禁立碑，"建安十年，魏武帝以天下凋敝，下令不得厚葬，又禁立碑"（《宋书·礼志》）。建安二十三年（公元218年）六月曹操"令曰：古之葬者，必居瘠薄之地，其规西门豹祠西原上为寿陵，因高为基，不封不树"（《三国志·魏书·武帝纪》）。曹操临终前，更遗令埋葬时"敛以时服，无藏金玉珍宝"。据《晋书·礼志》："魏武以礼送终之制，袭称之数，繁而无益，俗又过之，豫自制送终衣服四箧，题识其上，春秋冬夏，日有不讳，随时以敛，金珥珠玉铜铁之物，一不得送。文帝遵奉，无所增加。及受禅，刻金玺，追加封号，不敢开埏，乃为石室，藏玺埏首，以示陵中无金银诸物也。汉礼明器甚多，自是皆省矣。"当时曹操改革秦汉厚葬礼制，实行薄葬，主要原因有二：一是经汉末大动乱及群雄混战，社会经济凋敝，统治集团无力如东汉时花费巨资经营丧事。二是曹魏统治集团在亲历的战乱中，见到前代厚葬的陵墓遭到毁灭性的破坏。东汉末群雄混战，为了从前代陵墓中获取珍宝以充军费，或为了获取战争中有用的物资，群雄军队都公开盗墓，曹操也不例外。陈琳（陈孔璋）为袁绍所作讨曹檄文中，曾对曹操盗掘汉王陵予以揭露："操帅将吏士，亲临发掘，破棺裸尸，掠取金宝。"不仅如此，曹操军中还设专职掘墓的官员。檄文又说："操又特置发丘中郎将、摸金校尉，所过隳突，无骸不露。"（《文选》卷四四陈孔璋《为袁绍檄豫州》）军队掘墓，除掠取珍宝，还为取棺椁充制攻战具的木料。魏将郝昭遗令薄葬，原因为"吾数发冢取其木以为攻战具，又知厚葬无益于死者也"（《太平御览》卷五五四引《魏略》）。凡此种种，曹操感触极深，故总结历史教训，引以为戒。对此，魏文帝曹丕在《终制》中曾详加论述："自古及今，未有不亡之国，亦无不掘之墓也。丧乱以来，汉氏诸陵无不发掘，至乃烧取玉匣金缕，骸骨并尽，是焚如之刑，岂不重痛哉！祸由乎厚葬封树。'桑、霍为我戒'，不亦明乎？"所以他规定死后"寿陵因山为体，无为封树，无立寝殿、造园邑、通神道。……无施苇炭，无藏金银铜铁，一以瓦器，合古涂车、刍灵之义。棺但漆会三过，饭含无以珠玉，无施珠襦玉匣，诸愚俗所为也"。他特别强调葬后应不被后人发现，说"夫葬也者，藏也，欲人之不得见也。……故吾营此丘墟不食之地，欲使易代之后不知其处"（《三国志·魏书·文帝纪》）。皇帝主薄葬，贵戚官员将帅也同样感于亲身经历以及遵从曹魏法制，多行薄葬。如魏文帝郭后之姐去世，姐子孟武欲厚葬其母起祠堂，郭后止之曰："自丧乱以来，坟墓无不发掘，皆由厚葬也，首阳陵可以为法。"（《三国志·魏书·文德郭皇后传》）故曹魏诸臣临终前多遗命薄葬，如司马朗、贾逵、徐晃、裴潜、徐宣、韩暨、王观、高堂隆等，均见《三国志·魏书》本传。正由于薄葬，不封不树，因此后世确实难于勘察到曹氏父子的陵墓所在地点。曹魏薄葬，中止了东汉末年社会上普遍流行的丧葬豪华奢侈的风气，东汉时皇帝和皇室勋贵享用的特殊殓服玉柙（玉匣）被彻底废弃，地面上的石碑、神道石刻及石祠，地下修筑的豪华的大型多室砖墓，以及满布墓室壁面的壁画或画像石，还有大量贵重的随葬品，都从曹魏统治中心的中原地区消失。

在东汉建安年间曹操经营的魏王都邺城遗址附近，发现过同时期的墓葬。如河南安阳安丰乡西高穴村 2 号墓，是一座坐西朝东的具有前堂、后室并附四个侧室的大型砖室墓，墓室用青石铺地。斜坡状墓道长 39.5 米，两侧壁分别有 7 层台阶。墓室自甬道至后室全长近 13 米，加上墓道总长超过 50 米。全墓各室及通道均以青石铺地，有些石材利用了早年的残画像石。该墓曾遭严重盗扰，尚可推测后室和其左右侧室都曾葬有木棺。曾遭严重盗扰，墓中残存 3 个个体的人骨，后室的部分骨骼和两具头骨，初步鉴定均为女性，一为 50 岁左右，另一为 20 岁左右。在前室发现一具约为 60 岁左右的男性头骨。残存的遗物，仅有铁剑、镞、弩机构件及铠甲片等兵器装具，并零星出土一些玉石器及残铁镜、帐构等杂物，以及许多陶瓷器残件。值得注意的是其中有石圭、璧等礼器残件，以及超过 50 件铭文石牌，铭文多为衣物名称及数量，大致分为两组：一组形体略大，首呈圭形，铭文以"魏武王常所用"开头，如"魏武王常所用挌虎大戟"，多发现于前堂前部右侧处；另一组形体略小，呈六边形，铭文

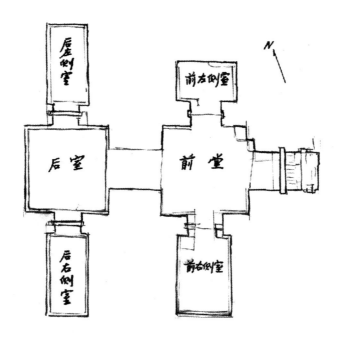

图 3-2　河南安阳西高穴汉末三国时期墓平面示意图

仅记器名及数量，如"镜台一"、"黄绫袍锦领袖一"等，集中出土于后室通往右侧室的通道附近。另发现有 4 枚东汉五铢钱。从墓葬形制及出土遗物，大致可以判断墓葬的年代，为东汉末建安年间的三国时期。因石牌铭中有"魏武王"，按曹操于东汉献帝建安二十五年（公元 220 年）正月死于洛阳，谥"武王"。当年改建安二十五年为延康元年。曹丕于延康元年十月代汉称帝，改元黄初，十一月癸酉追尊曹操为"武皇帝"，这都是在公元 220 年一年中发生的事。所以称曹操为"魏武王"，只有该年二月至十月短短 8 个月，因此西高穴 2 号墓葬入的时间，应在这 8 个月之间。

目前在曹魏都城洛阳地区发现的曹魏墓，一般的墓葬与东汉晚期的墓较难区别，有两座比较典型的墓例，较早的一座是孟津送庄乡三十里铺村 ZM44 号墓，清理时在后室发现了一方印文为"曹休"的桥纽铜印，因而可以确知所葬死者的姓名，表明该墓埋葬的是大司马、壮侯曹休。该墓方向坐西朝东，前有水平长 35 米的斜坡墓道，两侧壁各有 7 层阶梯。墓室砖筑，具甬道、前堂和后室，前堂设左、右侧室，右侧室纵隔成东西两间，还在前壁墓门左侧有一侧室，甬道、前堂、后室全长 10.6 米，合墓道总长 45.6 米。后室纵长方形，面阔 2、进深 3.55 米，面积与前堂不相称，特别是后室右壁（南壁）与土圹间有长 4.05、宽 0.85 米的空隙，似原设计后室面阔较大，但后来改成现在的情况。曹休于明帝太和二年（公元 228 年）征吴失利后痈发背病故。因遭严重盗扰，在前堂、后室和前堂右侧室西间都发现一些残人骨，据鉴别可能分属 3 个个体，一男二女。还在前堂右侧室西间保留有棺木遗痕及铁棺钉、铜铺首等物，表明原来在后寝和前堂右侧室西间都葬有棺木。出土遗物除曹休铜印外，有陶器、铁镜、铜钱和一些原嵌器物上的小金属配件。陶器多饮食、盛贮用器，如耳杯、酒樽、碗、盘、盆、罐等，还有熏炉和灯，符合魏文帝《终制》中随葬"一以瓦器"的规定。

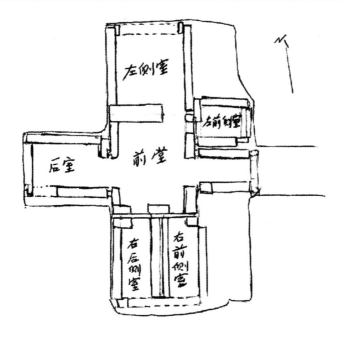

图 3-3　河南洛阳曹魏墓 ZM44 号平面示意图

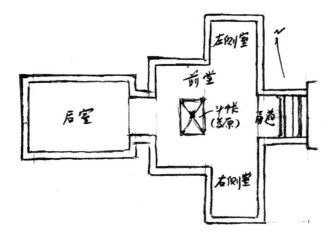

图 3-4　河南洛阳出土曹魏正始八年铭铁帐构的墓
　　　　（M2035）平面示意图

另一座埋葬时间较晚，是随葬有正始八年（公元247年）铭铁帐构的洛阳涧西16工区M2035，该墓是带侧室的前堂和棺室的砖墓，全长约8米，前有长23.5米的斜坡墓道。在方形的前堂后部中央，原来设有以铁帐构支张的覆斗状坐帐，还陈放有酒食具，现尚残存有玉杯、铜博山炉等物。表明曹魏时禁止坟上立祠，因之流行在墓室前堂设帐放脯酒致奠的习俗。前堂的左侧室内有陶俑、陶磨、陶井、猪圈以及家畜、家禽模型，当是模拟庖厨。右侧室出土了7件带盖陶罐，或许是模拟仓房。从形制、结构和随葬遗物等方面看，当时较多地承袭着东汉晚期砖墓的传统。这种具有长方形棺室和左右带有两个小侧室的方形前堂的平面布局，应是曹魏时期流行的形式。在偃师也发现了同样形制和布局的曹魏墓。洛阳曹魏墓流行的平面布局，也影响到关中、河西和江南等地区的三国墓葬。

目前在都城洛阳以外地区发掘的曹魏墓中，所葬死者身分最高的是曹植墓。曹植死后没有葬在洛阳或邺城，而是葬于山东，该墓发现于山东东阿县鱼山，墓砖铭有魏明帝太和七年（公元233年）纪年及"陈王陵"等。墓葬全长11.4米，有平面近方形的墓室，前有甬道，后面似有后室。墓室壁砖三顺一丁起砌，壁面涂白灰。棺木放置墓室中部，据说棺内下铺木炭，中层铺朱砂，上层铺剪成日、月、星形的云母片，尸体安置在云母片上。墓早被盗掘，尚存部分陶器、铜器和玉石器，共132件。其中有青玉璜4件，还有青玉珠、红玛瑙球、石圭、石璧等，其余多为陶器和陶明器。至于铜铁器多为小饰件和棺钉等，可见随葬品仍依制以瓦器为主。由出土玉璜看，似为朝服葬。

对曹魏帝陵的探寻，是尚待深入探究的学术课题。正由于曹操父子力主薄葬，不封不树，因此自宋代以降，世人已弄不清楚曹操所葬高陵的位置。以致自宋以后民间"曹操七十二疑冢"的传闻甚嚣尘上，民间多误传今河北磁县分布的诸多大土冢，邻近曹魏邺城遗址，为曹操疑冢。古代文人也相信，如陶宗仪《南村辍耕录》卷二六《疑冢》条，已认为"曹操疑冢七十二，在漳河上"。又引宋·俞应符诗："人言疑冢我不疑，我有一法君未知，直须尽发疑冢七十二，必有一冢藏君尸。"（中华书局《元明史料笔记丛刊》

本 342 页）。陶宗仪甚赞俞诗，认为是"诗之斧钺也"。实际该诗人缺乏历史常识，因为疑冢云云只是乡人附会，那些大冢与曹魏无关，均东魏北齐时大墓，近年的田野考古调查发掘早已明证。故此在邺城附近的考古勘查中，探寻魏武帝曹操的陵墓，多年来一直是引人注意的考古课题。目前由于安阳安丰乡西高穴墓地的发掘，引起人们对魏武帝曹操陵墓所在地这一难解的考古学之谜，展开了新的探索。不少人认为西高穴 2 号墓即是曹操所葬"高陵"。主张这座墓就是曹操高陵的代表性论点，举出的论据主要可归纳为下列 5 项：1. 以西高穴 2 号墓的形制与规格与东汉晚期诸侯王墓及三国时期孙吴高级贵族墓相比较，该墓应为"王陵"。且其地望亦当古邺北城西偏南约 30 里的位置，与文献所记曹操墓相符。2. 由于该墓形制规格与东汉晚期诸侯王墓基本相同，墓内发现 3 枚东汉五铢钱及"魏武王"铭刻石牌，所以由考古发现遗迹和遗物可判断该墓时代为东汉晚期至曹魏初期。3. 出土"石牌"的文字用语，及文字绝大多数为汉隶，亦即"八分体"，均东汉晚期至曹魏时所流行。4. 墓中出土男性头骨，经鉴别年龄约 60 岁，又与《三国志·魏书·武帝纪》所记曹操死于六十六岁基本吻合。5. 出土记有"魏武王"的铭牌。因此推断西高穴 2 号墓无疑是曹操死后所葬"高陵"。认为上述论证还应慎重地认真学术探研的人，一方面认为从西高穴 2 号墓的形制及出土遗物分析，将那座墓认定为东汉建安末年即三国时期的坟墓，应无问题。但是对将其认定为曹操的墓葬，认为论据不足，故提出不同的看法，归纳起来有下列问题：1. 据《三国志·魏书·武帝纪》，东汉建安二十一年（公元 216年）五月，汉献帝晋封曹操为魏王。过了两年，在建安二十三年（公元 218年）六月，魏王曹操令曰："古之葬者，必居疗瘠薄之地。其规西门豹祠西原上为寿陵，因高为基，不封不树。《周礼》冢人掌公墓之地，凡诸侯居左右以前，卿大夫居后，汉制亦谓之陪陵。其公卿大臣列将有功者，宜陪寿陵，其广为兆域，使足相容。"（《三国志·魏书·武帝纪》）说明在建安二十三年魏王曹操已按汉制王陵为自己营建"寿陵"，并且要使其陵墓"广为兆域"以安排他的大臣列将有功者陪葬。故此魏王"寿陵"的规制，应按东汉王陵的规制，但因其主节葬，只表现在"不封不树"及不立碑柱。又过了两年，在建安二十五年（公元 220 年）正月，曹操死于洛阳，遗令中嘱咐要"敛以时服，无藏金玉珍宝"（《三国志·魏书·武帝纪》）。二月，归葬邺城"高陵"。由于在曹操死前两年他已按东汉王陵规制建造陵墓，所以其平面布局应与已知东汉王侯陵墓相同或近似。只是依其遗令，敛以时服，废去东汉王陵中的金缕玉柙及金玉珍宝。但是目前西高穴 2 号墓的平面布局，明显不及东汉王陵的规制，特别是缺少迴廊等结构，甚至还不如一些相当二千石官员的墓室平面布局。特别是在洛阳发现他的子侄辈分的壮侯曹休墓以后，将西高穴 2 号墓与之相比，前者面积 550 平方米、占地面积 1067 平方米，竟大于后者。仅只曹休墓以砖铺地，而西高穴 2 号墓以不规则的石材铺地等，有些差异，但两者明显属于同样的规格。魏王曹操的下属特别是其子侄晚辈，把自己的墓建造得与魏王同一规制，当是明显的僭越行为，这在当时绝无可能。所以曹休墓的发现，并不像有人认为的可以证明西高穴 2 号墓为曹操"高陵"，反而引导人们要更深入地去思考西高穴 2 号墓的问题。2. 关于墓中出土的刻铭石牌。虽然西高穴 2 号墓曾遭严重盗扰，但如果仔细观察墓葬平面图，仍可看出原来墓内在不同位置放置有两类石牌，一类器形略小，呈六边形，牌铭仅标明物品的名称和数量，如"黄绫袍领袖一"、"书案一"等；另一类器形稍大，牌铭除标明物品名称外，前面加注"魏武王常所用"字样，如"魏武王常所用格虎大戟"等。前一类占多数，发现于后室，多集中于后室右侧室门口通道处；后一类占少数，散见于前堂内。两者明显有别。按先秦至汉代的传统习俗，墓内随葬的记述墓内随葬遗物的"遣策"及附于遗物上的签牌，均不会书写墓内死者官职姓名，因墓室即死者阴宅，谁也不会将家中物品标写上官职姓名还写明为自己"常所用"的。但是文献中常见帝王常所用的物品，赏赐臣下，这是一种特殊的恩宠之举，所以被赐者极感荣光，甚至死后还会把这些物品带至阴宅，还要特书其本为帝王"常所用"之物。同时史官知悉某人曾受此恩宠，也要在其传记中特记一笔，以传之后世。所以墓中出现书明"魏武王常所用"的牌铭，恰好说明其非魏武王之墓。3. 在西高穴 2 号墓中男性尸骨被鉴定为 60 岁左右，墓中发现的两具女性尸骨，据说经鉴定一位是 50 岁左右，另一位只是 20 岁左右。但据《三国志·魏书·后妃传》，魏武帝曹操的卞后，逝世于太和四年（公元 230 年），已是曹操死后 10 年，但"合葬高陵"。史载卞后生于东汉延熹三年（公元 160 年），死时已 71 岁。所以墓内的女性均与卞后不合。所以墓中出现不是卞后的两个女尸，史书无据，与理不合，难说是曹操的坟墓。因此对西高穴 2 号墓所葬究竟是谁？还无确证，或为曹操"高陵"的一座陪葬墓亦未可知。此外，有人还以西门豹祠和鲁潜墓志为认定西高穴 2 号墓为曹操墓的地理坐标。但是历史上传闻的西门豹祠有多处，现在被认定的是其中位于安阳丰乐镇的西门豹祠遗址，现在仅存宋代及更晚的石碑，虽曾在地表采集到过汉代及北朝的瓦片，但无法确认即曹操所说的西门豹祠，尚待进一步的认真的田野考古工作予以确证。至于"鲁潜墓志"，是在砖厂取土时所发现，但并没有发现"鲁潜"的墓，所以与墓已分离的墓志，已丧失了作为地标的基本条件，只有等将鲁潜墓找到后，计量其与"高陵"相距的方位和里程，才能起到确认曹操墓地标的作用。综上所述，安阳西高穴三国时期墓葬，对曹操墓的学术探寻是极为重要的考古发现，但这一学术课题的最终解决还有待考古学者继续努力。

　　曹魏节葬之风对江南吴地的影响极小，除名臣中少数主张死后薄葬，如张昭外，当时朝野仍厚葬成风。甚至还保留着以人殉葬的恶习，如吴大帝孙权时陈武去世，"权命以其爱妾殉葬"（《三国志·吴书·陈武传》注引《江表传》）。帝王贵胄厚葬盛行，孙吴亡国之君孙皓左夫人张氏死，"皓哀愍恩念，葬于苑中，大作冢，使工匠刻柏作木人，内冢中以为兵卫，以金银珍玩之物送葬，不可胜计"（《三国志·吴书·孙和何姬传》注引《江表传》）。在田野考古发掘中对孙吴墓葬的认识，也始于 20 世纪 50 年代。先是在江苏南京地区通过对墓中纪年铭瓷器等遗物，如赤乌十四年（公元 251 年）铭虎子、甘露元年（公元 265 年）熊灯等，对孙吴墓葬有了初步认识。在湖北武昌的孙吴墓葬中，又发现有黄武六年（公元 227 年）、永安五年（公元 262 年）

买地铅券。以后，又不断在江西等省发现孙吴时的墓葬。这些考古发现，开始了对孙吴墓葬的分析研究。从湖北、江苏、安徽等地的孙吴墓葬，可以看出身分地位高的死者葬于大型的砖室墓，常具有前堂和后室，前堂左右或有小侧室，墓门前有较短的甬道，前接长斜坡墓道，其形制明显受北方魏墓影响，湖北武昌黄武六年郑丑墓和永安五年校尉彭卢墓、鄂州孙将军墓，江西南昌高荣墓，都是这样的形制。其中孙将军墓最大，全长达9.03米；高荣墓最小，全长仅6.08米。这类具前堂后室的大型砖墓中，死者身分最高墓葬形制也较特殊的是安徽马鞍山朱然墓，朱然为孙吴右军师、左大司马，是目前发现的孙吴墓葬中死者身分最高的一座。该墓前室平面方形，没设侧室，室顶为四隅券进式穹隆状顶；后室平面长方形，券顶。前后室间没有另砌通道，只是在壁上辟券门相连，由前室后壁和后室前壁厚度合成

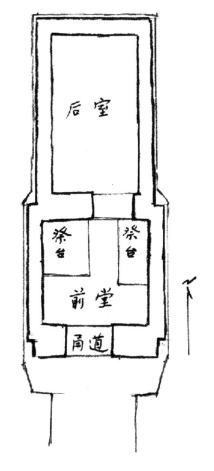

图3-5 安徽马鞍山孙吴朱然墓平面示意图

很短的券顶通道。这可能是孙吴中期兴起的具有特点的新样式，它影响到以后江南的西晋墓。目前发现的规模最大的孙吴墓，是南京江宁上坊墓，不仅具前堂和后室，且在前堂和后室两侧均附有侧室，在墓室四角均嵌牛首形石雕，在后室安置有两列三组六件虎首石棺床。该墓规制宏大，其平面布局亦与北方曹魏帝王陵墓相同，应为孙吴时帝王陵墓。除此以外，一般的孙吴墓葬多只有单室，平面呈长方形，为券顶或穹隆顶，有的前面连有较短的甬道。

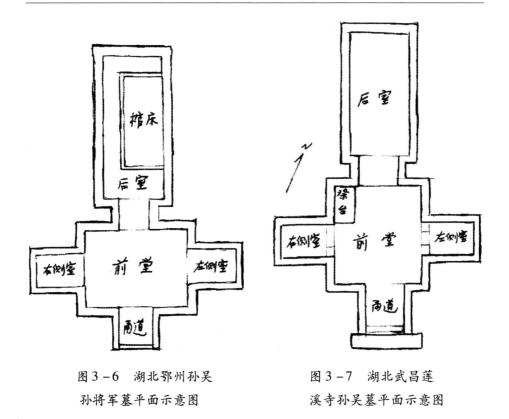

图3-6　湖北鄂州孙吴　　　　图3-7　湖北武昌莲
孙将军墓平面示意图　　　　溪寺孙吴墓平面示意图

　　孙吴墓葬中的随葬品，以青瓷器为主，除日用器皿外，各种模型明器也常用青瓷制作，诸如城堡、庖厨用具、家禽家畜及圈厕，等等。显示出当时江南地区青瓷工艺的繁荣情景。在大型墓中还常放置名刺木简、木谒，还有买地铅券，铜器，精美的漆器，以及铜弩机、铁刀等兵器，或放入大量铜钱。朱然墓是孙吴墓厚葬的典型代表，虽遭盗掘，尚残存随葬遗物140余件，除瓷器、陶器、铜器等外，出土物中最引人注目的是大批蜀郡产绘彩漆器，制工精美，反映出三国时制漆工艺的水平和时代风尚。此外，在孙吴墓葬的随葬遗物中，还出现有与佛教有关的图纹，陶瓷的谷仓罐（魂瓶）等器上常贴塑坐佛像，莲溪寺吴墓还出有佛教图纹的铜带饰，都是受到佛教艺术影响的产品。

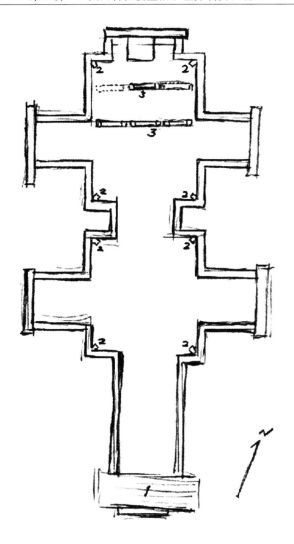

图 3-8　南京上坊孙吴大墓平面示意图

1. 封门　2. 牛首形石灯台　3. 虎首石棺座

　　曹魏节葬之风同样对四川的蜀汉影响不大，那里的蜀汉时期的墓葬还是沿袭着东汉末的传统，盛行多室崖墓，随葬品丰盛，有大量陶俑和陶楼等模型。只有个别名臣主张薄葬，如蜀汉丞相诸葛亮，"亮遗命葬汉中定军山，因山为坟，冢足容棺，敛以时服，不须器物"（《三国志·蜀书·诸

图 3-9　南京上坊孙吴大墓出土虎首石棺座

葛亮传》）。

　　第二次变化发生于西晋时期。创立西晋王朝的司马懿和司马炎父子仍主薄葬。司马懿临终前，"预作终制，于首阳山为土藏，不坟不树，作顾命三篇，敛以时服，不设明器，后终者不得合葬。一如遗命"（《晋书·宣帝纪》）。晋武帝咸宁四年，"又诏曰：'此石兽碑表，既私褒美，兴长虚伪，伤财害人，莫大于此。一禁断之。其犯者虽会赦令，皆当毁坏'"（《宋书·礼志》）。西晋帝陵仍不封不树，也无碑兽石刻，且有关文献记录又颇简略，所以西晋帝陵与曹魏帝陵一样，其所在也是考古难题。西晋初皇帝主节葬，故当时一些名臣也因之主张节葬，如石苞、王祥、杜预等，均见《晋书》本传。但当全国统一以后，司马氏皇族和其所依靠的世家大族的势力极度膨胀，生活豪华奢侈。由于生前奢靡之风盛行，而且要凸显死者族弟权势，因此不满足节俭的丧葬制度，力图再转向厚葬。同时，开国之初西晋皇帝虽崇尚薄葬，但对重臣的丧事则给赐丰厚，除赐秘器、朝服外，还赐钱百万（《晋书·王祥传》、《晋书·石苞传》），也起到鼓励厚葬的作用。还有的重臣持功为已厚葬，如平吴名将王濬，死后"葬柏谷山，大营茔域，葬垣周四十五里，面别开一门，松柏茂盛"（《晋书·王濬传》）。到惠帝时，昏庸无度，世风更趋奢靡，厚葬更形成风气。西晋重兴的厚葬之风，也并非是恢复东汉故俗，而是依照曹魏规制下的新变化。概括起来有以下诸项：首先在墓室形制方面，其追求豪华并未恢复汉代的大型多室墓，仍以单室为主（少数为双室或具前堂和棺室），但为表示身分，常采取加大墓室，加砌砖室，并在室的四隅加砌砖柱，还加长甬道，更增长墓道，有的长斜坡墓道的长度超过 37 米，墓道两侧壁有多级阶梯，修筑墓道的土方工程量大大超过墓室的工程量，明显是一种表现身分地位的奢侈行为。其次因禁止立碑，所以将原树立在地面的墓碑小型化，然后埋放在墓室里面。其上铭刻死者官职姓名家世和生平事迹，自此开启了在墓内安放墓志的习俗。第三是出现了新的随葬俑群的组合内容，与两汉墓葬随葬俑群有较大差异。西晋的随葬俑群，以墓主人出行的牛车为中心，反映着晋时高官豪门出行以乘牛车为贵的时代风习。还有具备鞍辔马具的乘马、男女侍仆，以及庖厨用器和家禽家畜模型。同时出现较固定的镇墓俑组合，包括身摆甲胄的武士形貌镇墓俑和牛状镇墓兽。但是墓内放置的明器，概以陶质为主，仍依曹魏以来"一以瓦器"之规定。也沿袭曹魏时在墓内致奠的习俗。有人将其称为"晋制"。

有关西晋墓的考古发现，是 20 世纪 50 年代开始的，首先在河南洛阳基建工程中发现了元康九年（公元 299 年）晋惠帝贾皇后乳母美人徐义等墓葬，获得了圭首碑形石墓志和随葬陶俑、青瓷器、铜镜等遗物。同时在

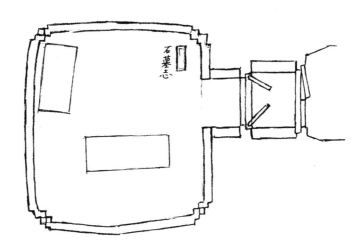

图 3 - 10　河南洛阳西晋美人徐义墓（墓 8）平面示意图

南方也发现了西晋时期的墓葬，如江苏宜兴的周处家族墓群和湖南长沙的西晋永宁二年（公元302年）墓等。从此开始了有关西晋墓的考古学研究。在以都城洛阳为中心的中原北方地区，西晋墓可分为大中小三型。大型西晋墓的形制以带有长斜坡墓道的单室墓为主，有的砌筑砖室或以砖铺地，或安装石门。以美人徐义墓为例，墓室四壁呈弧形，砖壁以一丁三顺砌筑，四隅又砌有内凸的起棱线的角柱，墓门安装两扇向外开启的石门，墓道长达

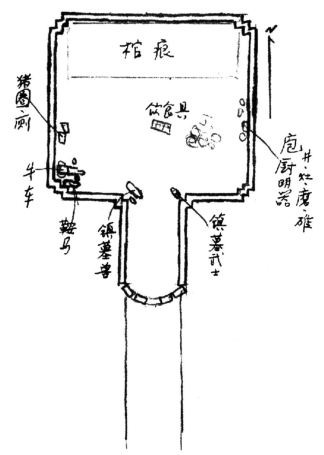

图 3 – 11　河南洛阳春都路西晋墓主要
出土遗物位置示意图

37.36 米（斜长），上口宽 5.1 米，两侧自上而下递减五层，形成台级，深 12.2 米。据估计折合土方约达 1000 立方米左右，差不多大于墓室工程的十倍以上，如上所述，这明显是表现身分地位的奢侈行为。在靠近墓门的右侧，立有圭首碑形的墓志，正面和阴面均刻志文，直书隶书，正面首行题"晋贾皇后乳母美人徐氏之铭"，志文 22 行，志文未刻完，接刻阴面，

铭 16 行，共计 38 行，近千字。徐义是晋惠帝贾后和韩寿妻贾午的乳母，死于元康八年（公元 298 年）四月，次年（公元 299 年）二月下葬。志文极力铺除她与皇后的关系，并记她死后皇后赐秘器、衣服，另有钱五百万、绢布五百匹供备丧事，比拟晋室重臣。由此也可见惠帝时朝政混乱之一般。由于墓葬早被盗掘，遗留的随葬物品不多，仅有 1 件石帐座、铜洗，一些陶罐、陶碗，还有桃形金花、铁刀和铜钱。在这一类型的墓中，还经常随葬有陶质的镇墓兽、甲胄武士形貌的镇墓俑、牛车、鞍马和牵马俑、仆从俑，以及庖厨明器和家禽家畜模型。随葬陶器中，出现具有时代特征的长方形多子榼、翻口罐等器物。中型墓也具有砖筑的方形墓室和长的墓道，但规模比大型墓小得多，四壁多平直，例如 52 号墓，方形墓室的边长仅及 3 米，只有不到 1 米长的短甬道，前接 9 米长的墓道。在甬道放置着武士俑，墓室迎门居中放置多子榼、盘、耳杯、酒樽等饮食用具和仆俑，左前角落处放置着陶井、灶等庖厨明器及仆俑，右前角落处有陶楼及马、狗、鸡、鸭等模型。但在该墓中没有发现墓志。小型的墓极为简陋，只是土坑竖穴墓，穴圹面积仅 3 平方米左右，少数墓内有葬具，包括木棺、陶棺和用小砖砌成的狭窄棺室。随葬品很少，常常仅有一两件陶罐。洛阳西晋墓三种类型之间有如此大的区别，正是西晋时期封建等级制度日益严格的反映，同时又表现出当时社会各阶层间贫富悬殊的情景。其他如郑州、南阳，以及北京等地的西晋墓大致与洛阳的西晋墓相近似。山东邹城西晋侍中、使持节、安北大将军、领护乌丸校尉刘宝墓，墓室平面仍是洛阳曹魏前堂带左右耳侧室、长方形后室的旧制，随葬俑群与洛阳西晋墓相同。西晋虽明令禁设神道石刻，但因厚葬成风，仍有违禁的神道石柱被发现，如河南博爱聂村出土的"晋故乐安相河内笴府君神道"石柱，总高 3.1 米，缺盖。又如洛阳出土西晋散骑常侍韩寿墓表石柱。

西晋帝陵不封不树，不设碑兽石刻，而且有关文献记录又颇简略，所以西晋帝陵与曹魏帝陵一样，后代一直不甚清楚。准确地寻找到西晋诸帝陵寝的所在，同样也是田野考古面临的难题。在 1917 年和 1930 年，晋中书侍郎荀岳和晋武帝贵人左棻的两方墓志相继出土，荀岳墓志记其"陪附晋文帝陵道之右"，左棻墓志记其"葬峻阳陵西徼道内"，为确定晋文帝崇阳陵和武帝峻阳陵的地望提供了重要线索。但是这两方墓志当年都是偶然被掘出，无法准确地记明其出土方位，只知都出土于在洛阳汉魏故城以东5千米的蔡庄村，更不清楚是否确实自墓中掘出，以及那两座墓的确切位置（郭玉堂：《洛阳出土石刻时地记》，1941年）。也就是说失去了本来能够确定两座陵墓的准确坐标，所以人们还是只能进行一些推测。历经多年仔细勘察，于20世纪80年代初，在洛阳邙山南麓探查到两处西晋时期的大型墓地：峻阳陵墓地和枕头山墓地，初步认为这两处可能是晋武帝司马炎峻阳陵和晋文帝司马昭崇阳陵所在。两处墓地的地面均无任何痕迹，经铲探在峻阳陵墓地探出23座排列有序的坐北面南的土洞墓，均有既长且宽的长斜坡墓道，但是周围还没有发现陵园痕迹。枕头山墓地共探出5座墓，亦坐北面南，形制、布局与峻阳陵墓地相近似，并且在墓地周围发现有陵垣残迹，以及两处可能与陵区守卫有关的建筑遗迹。还在枕头山墓地试掘过两座墓，都是带有长斜坡底墓道的土洞墓，原生土挖出的墓室周壁未作任何粉饰，仅室内地面铺砌青砖，墓门

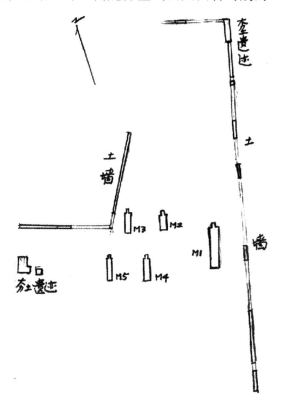

图3-12　河南洛阳西晋枕头山墓地
平面示意图

安装素面石门。由于早经盗掘，仅出土了少量陶器及一些零星物品。总体看来，墓室构造与洛阳地区现已发现的大型西晋墓相比较，颇显简朴，如美人徐义墓，"美人"仅是宫内女官中相当于二千石官员，其墓室是砖室进深 5 米，较之枕头山 M1 的土洞墓室进深 4.5 米，规格明显要高些。徐义墓的墓室、甬道和墓道总长达 44.73 米，略比 M1 总长 50.5 米短，但比 M4 的 33.5 米和 M5 的 31.5 米，明显长得多。而峻阳陵墓地中 M1 总长 41.5 米，为土洞墓室，亦逊于徐义墓的总长 44.73 米和砖室。至于墓室的面积，都是砖室的徐义墓和西方砖厂 M1，前者为 27.5 平方米，后者为 24.9 平方米。而同为土洞墓的枕头山 M1 和峻阳陵 M1，前者为 16.7 平方米，后者为 16.5 平方米。明显两座砖室墓大于两座土洞墓。如果认定枕头山墓地 M1 和峻阳陵墓地 M1 为帝陵，上述现象还难于解释，或许显现出西晋帝陵节葬之风和葬制礼仪，到晋惠帝时已不复存在？才有可能让宫中"美人"职位人的坟墓的规格，可以僭越晋文帝和晋武帝的陵墓，亦未可知。因此枕头山墓地和峻阳陵墓地的发现，对西晋帝陵的探寻虽然已取得了十分可喜的阶段性成果，但是仍然缺乏明确的文字证据和文献的支撑，因此还需要更为深入细致的后续工作，以期获得更完满的结论。

西晋虽然统一了江南，但并没有触动当地豪族的势力，反映在墓葬形制方面，西晋时期南方豪族仍然沿袭着与中原西晋墓葬不同的形制。在江苏宜兴周墓墩发掘了平西将军周处和他亲族的墓地，周氏是江南著名豪族。其中的元康七年（公元 297 年）周处墓和同一墓地的 2 号墓，形制却都与孙吴朱然墓大致相同，仅是其后室也用穹隆顶，且前、后室间甬道稍长。墓中随葬遗物以制工精美的青瓷器为主，也有孙吴墓葬常见的谷仓罐的残片。不见北方洛阳晋墓标准样式的随葬俑群的踪迹。周处墓使用的墓砖铭文有"周前将军砖"、"议曹朱选"、"将工吏杨春"、"工杨普作"等字样，可见这些砖是地方官工特为营建周处墓而烧造的。长沙地区西晋墓的发掘，获得了大批古拙生动而具有地方特色的青瓷俑。而在湖南安乡发现的镇南将军刘弘墓，是穹隆顶的单室砖墓，刘弘原籍沛国相人，"少家洛阳，与武帝同居永安里，又同年，共研席"（《晋书·刘弘传》）。其墓制与南方豪族有别，更近洛阳规制，墓室内前部出有铁帐构，应是设帐致奠的遗留。随葬品中有"宣成公章"、"镇南将军章"两枚龟钮金印，"刘弘"、"刘和季"双面玉印，大量铁兵器和铜弩机，反映出死者的身分，大量的青瓷器，又有地方特色。还出土有璧、佩、璜等成组玉饰，有助于研究当时官服佩玉组合情况。

当西晋覆亡以后，迁于江南的皇族重建政权，史称东晋，其墓葬制度大致沿袭西晋旧制，目前还没有发现东晋的帝陵，仅只有末代皇帝恭帝的陵墓在富贵山被发掘出来，附近曾发现晋恭帝玄宫石碣，但他死于刘宋永初二年（公元421年），故其墓制恐怕已是南朝新制了。已发掘的东晋墓仍多为单室砖墓，棺木陈置在墓室后部，前部有设奠致祭的案或砖砌祭台，只随葬遗物改以青瓷器为主，随葬俑群也仍依西晋旧制，以牛车、鞍马、男女侍仆为主。大族聚族而葬，已在南京发掘了象山王氏家族墓、老虎山颜氏家族墓、戚家山谢氏家族墓、司家山谢氏家族墓、仙鹤观高氏家族墓、吕家山李氏家族墓，等等。其中身分最高的当属使持节、侍中、大将军、始安忠武公温峤，其墓为附有长甬道的单室穹隆顶砖室墓，左、右、后壁均砌有直棂窗和灯龛。在这些东晋墓中获得了许多石质或砖质墓志、金银器、青瓷器、玉器等，其中有成组合的

图3-13　江苏宜兴西晋周处墓出土青瓷熏炉（2008年为《华烛帐前明》所绘）

佩玉和玉剑具，应与朝服制度有关。这时墓志已逐渐从碑形转为矩形，石志、砖志并存，有时墓志正背面都刻文字。放置墓中时，常是侧立靠在墓壁上。墓志书体除隶书外，有的隶书带有篆意，有的隶书中带有楷风，可见当时书法为各种风格并存。

目前所获得的东晋墓室壁画的资料还很贫乏，在南京地区的东晋墓中，可以看到使用花纹砖、画像砖和小幅的拼镶砖画装饰壁面的墓，但没有发现过壁画墓。东晋纪年的壁画墓曾在云南昭通后海子发现过，据墨书铭记，所葬死者为霍□字承嗣，葬于太元十一年至十九年（公元386～394年）之间，曾任"使持节都督江南交宁二州诸军事建宁越巂兴古三□□守南夷校尉交宁二州刺史"。该墓为砖石混合结构的单室墓，葬人的死者为霍承嗣，墓室内壁画以墓内死者坐像为中心，旁列仪仗侍从，绘于后壁。左右两壁均绘徒步或骑马的武装夷汉部曲，前壁绘屋宇及持刀人。四壁上方分绘青龙、白虎、玄武、朱雀四神，以及太阳、玉女、神兽等图像，旁以流云纹衬托。但绘画技法颇显拙稚。除去壁画中显露出的较浓郁的地方色彩以外，明显地承袭着东汉末年墓室壁画的遗风。在北方、东北和西北地区，情况比较混乱，各民族多保留各具特点的葬制，又在接受汉魏传统文化影响下不断演变发展，呈现出颇为复杂的面貌。目前在各地的考古发掘中，已经获得了部分资料。在西北地区河西走廊一带，汉魏时为了逃避中原战乱许

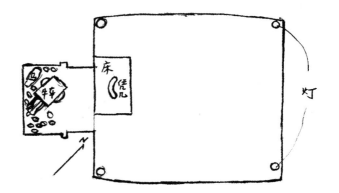

图3-14　江苏南京象山7号东晋墓平面及主要出土遗物位置示意图

多人迁往凉州、酒泉、敦煌等地，促进了当地文化的发展，在埋葬习俗方面，出现近似中原大型多室汉墓的墓葬。这类魏晋时期的多室砖墓，主要分布在今甘肃张掖、酒泉、嘉峪关和敦煌一带，多是筑有围墙的族茔，同一家族的坟墓排列有序。较大的墓常有砖砌的高大门楼

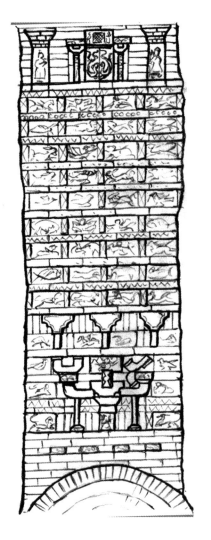

图 3 - 15　甘肃敦煌佛爷庙湾西晋墓（M133）墓门上方照墙立面示意图

照墙，砖筑的多室墓内绘有壁画，以及具有特色的一砖一画的彩绘砖画，各砖画面皆为独立题材，但同一壁面或相近的几幅，组合起来又是表现同一主题。砖画的题材主要与生活有关，有出行行列、家居宴饮、庖厨仓廪、农田耕作、放牧牲畜，等等。也有龙虎神兽，还有历史人物，诸如李广骑射、嵇康弹琴等。同时也延续着墓内张帐设几案致奠的习俗。河西一带也仍流行壁画墓，如酒泉丁家闸 5 号墓，是一座具有前、后两室的砖墓。壁画呈现明显的魏晋画风，前室盝顶为两重 18 瓣覆莲，以下四披分绘日、月、东王公、西王母、天马等图像，下面是家居宴乐、出行车马、厨房炊事，还有坞堡耕作畜牧等图像。以及树下裸女等与当时习俗有关的画面。后室则绘兵器什物，包括成捆的绢帛和成束的丝，似表示家屋以内的财物。

在辽宁的辽西地区，十六国时期先后出现过三个政权，就是由慕容鲜卑建立的前燕（公元337～370年）和后燕（公元384～409年），以及由深受鲜卑影响的汉人冯跋建立的北燕（公元409～436年）。三个政权的都城都在龙城，即今辽宁朝阳市。已在朝阳、北票一带发掘出这一时期的墓地，时代较早的鲜卑墓群，如朝阳十二台乡和北票喇嘛洞墓群，常有制工精美的鎏金铜马具、铁兵器、铁铠甲和马具装铠随葬，还有金步摇冠饰，显示着强烈的地域特色和民族特色。而在朝阳十二台乡袁台子发现的壁画墓，则显示出魏晋文化的传统，在板石立支的多室墓中，绘有彩色壁画，是以墓主坐像为中心，绘有侍仆、门吏和宅第、庖厨、宴饮、牛耕、出猎等画面，还有日月星云和四神等图像。在室内设帐，前放满置食器的案，表明沿袭魏晋墓中祭奠的礼俗。但出土的成套马具，则显示出地域特色。还有避居高句丽的前燕司马冬寿墓的壁画，该墓墨书铭记仍奉东晋年号。北票西官营子发掘的北燕冯素弗夫妇墓，同冢异穴，设内壁绘彩色壁画的石椁。冯素弗是北燕天王冯跋之弟，该墓的发现对了解当时中原与北方民族

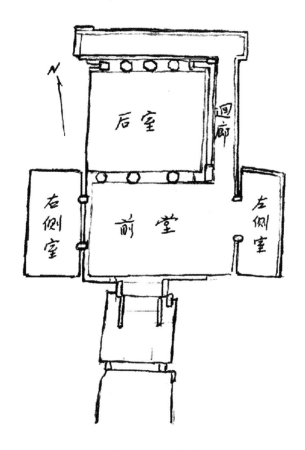

图 3-16 前燕司马冬寿墓平面示意图

图 3-17　关中十六国时期墓（西安草场坡 1 号墓）陶甲骑具装俑（1997 年为《美术考古半世纪》所绘）

的文化关系颇为重要。

关中地区的十六国墓也有发现，最早发掘的是西安草厂坡 1 号墓，是具有前后室的土洞墓，随葬俑群在承袭西晋以牛车、鞍马为中心的出行行列的基础上，增添了大量显示军事力量的内容，有披马具装的乘马、人和马都披铠甲的甲骑具装、骑马的鼓吹军乐队和佩弓的步兵。以后在咸阳等地不断有新的发现，咸阳平陵发掘的十六国墓中出土陶俑较精美，有一组黄釉陶及彩绘陶俑，包括骑马鼓吹导引的牛车和具装马，及立姿女侍、坐姿女乐俑和井、灶、仓等陶模型，造型具时代特征。关中十六国时期的纪年墓，目前有咸阳市文林小区发掘的朱氏家族墓地的 M49，出土有"建元十四年（公元 378 年）二月十二日张氏女朱屺妇"砖铭，确定为前秦时期的墓葬。另外如咸阳师范学院 M10，墓中随葬有后赵铸造的铜丰货钱。以它们为标尺，表明关中地区十六国墓至少可以分为前赵和前秦两个时期。

（三）三国两晋绘画

三国时期的绘画作品，没有流传至今的实物标本。从有关画史文献中，如唐·张彦远：《历代名画记》所载历代能画人名，曹魏有四人，为曹髦、杨修、桓范、徐邈。孙吴二人，为曹不兴、吴王赵夫人。蜀二人，为诸葛亮和其子瞻。其中记有作品流传后世的只有曹髦、杨修和曹不兴，而其中可以视为专业画家的只有曹不兴一人，谢赫对他评论甚高，认为"观其风骨，擅名不虚，在第一品，陆之下、卫之上"。但到张彦远时，已无法看到曹不兴画迹。因此只有依靠考古发现的有关遗物，开启一个了解那时期绘画的窗口。在安徽马鞍山发掘的孙吴右军师、左大司马朱然墓，墓中出土的一批漆器上的漆画，是其中最重要的标本。由漆器上的"蜀郡造作牢"的漆书铭文，可知它们是蜀地制造的物品。在案、榼、盒和部分漆盘上，绘有装饰图案和精美的漆画，除漆榼内所绘神禽异兽外，在漆案的案面和漆盘的盘心，绘出以人物故事为题材的画面。在盘心绘有季札挂剑、百里奚会妻、伯榆悲亲等，还有宴饮梳妆、童子舞棒等画面，周壁饰流畅生动的鱼水图案，边饰为云气和回曲连续的植物纹图案。漆案的案面较大，纵 56.5、横 82 厘米，绘宫闱宴乐场面，人物众多，共 55 个人物，大多旁有榜题，标明人物身分，如"皇后"、"长沙侯"，还有"虎贲"、"女直使"，又有"弄剑"、"鼓吹也"，等等，显示出宫廷宴饮百戏演出的热闹情景。由这些漆画，可以看出三国漆画在继承汉代漆画的基础上有所发展，构图比较富于变化，画面更富生趣，人物体态转向修长，头部、四肢及躯干形体比例更准确，对鸟兽游鱼描绘得传神生动，写生水平明显高于汉代。类似的带漆画的漆器，在南方一直沿用到东晋时期，江西南昌火车站东晋墓群中 M3 出土木方有永和八年（公元 352 年）纪年，墓中出土的漆奁和漆盘上有精美漆画，漆奁周绘车马人物，漆盘盘心绘宴乐、神仙、凤鸟等画面，已不见朱然墓漆盘的游鱼和植物纹图案边饰，但人物形象和画面构图仍沿袭三国，或许表明工匠绘制工艺品装饰图像仍按粉本承前代遗制，显示与东晋新兴画风不合的滞后性。令人注意的是画史中记明三国时最著名的专业画家曹不兴居于江南吴地，这与当时北方连年战乱，社会凋敝，而江南则相对稳定有关。孙吴政权建立以后，推动了社会经济发展的势头，文化艺术也随之繁荣，正是出现画家曹不兴的历史背景，也为其后东晋绘画的勃兴准备了条件。

东晋时期，中国古代绘画出现了划时代的变化，上层社会人士已参与绘画创作，绘画到这时期才真正成为供人们欣赏的艺术品。自西晋覆亡，以世家大族为首的中原汉族大量南迁，促进了南方经济的开发。南渡的中原世族，也进一步带去了传统的汉晋文化。而三国时期江南地区已达到相当高度的孙吴文化，在西晋短暂统一江南的时候仍然保持着发展的势头，这时就与南渡的汉晋传统文化相汇合，融成新的东晋文化，呈现出一派繁荣情景。动乱和长途迁移，又为突破汉晋文化的一些旧的约束提供了条件。新的地区的自然景观及与孙吴文化的汇合，也为其注入了新的养分。经学衰微，玄学兴起，随之崇尚自然、反抗名教，乃至避世颓废，放浪纵欲之风蔓延于士族文人之间。加之域外传入的新宗教——佛教的流行，佛教文化特别是佛教艺术的影响。凡此种种，无不为艺术领域的创新提供了有利的土壤。从东汉末开始，绘画已逐渐步入上层社会，到东晋时文人书画已成风气。以致绘画、雕塑、书法等各方面的艺术之花竞相怒放，涌现出如顾恺之、王羲之等著名书画大师，他们都能在其各自的艺术门类中开风气之先，创造出具有时代风格的不朽艺术杰作，并对后世产生深远的影响。顾恺之的绘画，时人称为"画绝"，认为他的画自生人以来未有也，评价甚高。不仅绘画创作，他还发展和创新了绘画理论，至今在《历代名画记》中还保留有他写的《论画》、《魏晋胜流画赞》和《画云台山记》。可惜顾恺之的真迹未能流传至今，仅有后世的一些摹本，如《女史箴》、《列女仁智》、《洛神赋图》等，因此长期以来只能依靠这些几经翻摹的作品去推测顾恺之画作的原貌。目前虽然还没能发现与东晋时顾恺之画作直接关联的考古学标本，但是在南北朝时期的有关美术的考古标本中，如南朝时期墓葬中的拼镶砖画，特别是北魏司马金龙墓出土的木屏风漆画、北齐崔芬墓出行人物壁画，以及南朝佛教造像上的供养人浮雕，等等，都显示出与传世顾恺之画作中出行人物、仕女等同样的构图手法和服饰特征，表明到南北朝时期，甚至到南北朝晚期，虽然已有新的画风兴起，但延续顾恺之画风的作品仍有流传。这些考古标本，又可以从另一个角度证明那些传至今日的顾恺之画作摹品，它们所依据的底本，原来应为顾恺之画作真迹，还值得认真研读。从而带给我们一些了解顾恺之画风的重要线索。

南北朝社会生活

（一）南北朝都城的平面布局

南北朝的都城遗址，已经进行较全面的考古勘察和发掘的，有北魏时期的洛阳城遗址和东魏—北齐时期的邺城（邺南城）遗址。经过部分考古勘察和发掘的，有北魏时期的平城遗址、西魏—北周时期的长安城遗址和南朝时期的建康城。

北魏前期的都城平城，遗址在今山西大同，目前还没有进行过全面的考古勘察，还不清楚其平面布局，只是对城中的部分宫殿遗址和南郊的明堂遗址进行了部分试掘。宫殿址在大同市城北的操场街中心偏东处，发现一处平面呈长方形的夯土台基，东西长44.4、南北宽31.8米，高出原地面60厘米。出土许多建筑构件，筒瓦和板瓦主要是磨光黑瓦，瓦当铭文有"大代万岁"、"传祚无穷"、"永寿长"、"万岁富贵"等，纹饰有莲花、兽面、莲花化生等，表明那里曾是北魏的宫殿建筑。对平城南郊的大型礼制建筑遗址的试掘，发现夯土台基及石砌环形水沟等遗迹。环形水沟外缘直径为289～294米、内缘直径为255～259米，沟宽约18～23米。水沟内侧岸边的四面分别有1

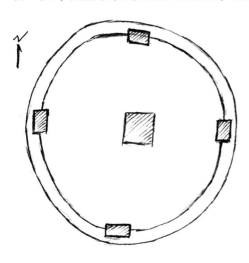

图4-1　山西大同北魏平城
明堂遗址平面示意图

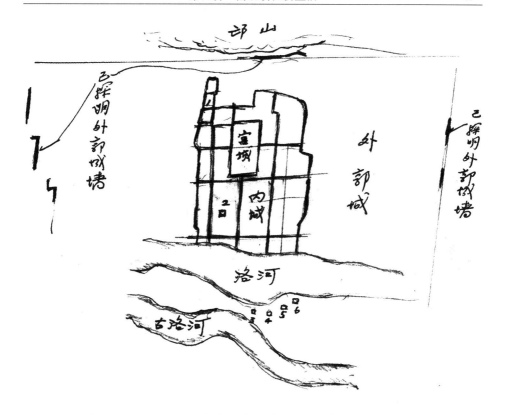

图 4-2　北魏洛阳城遗址考古勘探发掘情况平面示意图

1. 金墉城　2. 永宁寺　3. 灵台　4. 明堂　5. 辟雍　6. 太学

个厚 2 米多的凸字形土台，凸出的部位伸向沟内。在水沟中央是 1 个正方形的夯土台基，边长 42 米，厚 2 米以上。这处遗址应是太和初年所建明堂的遗址。

北魏后期的都城洛阳，是在汉晋洛阳的基础上改建的，进行过考古勘察和局部发掘。在 20 世纪 70 年代，开始对其外郭城以及郭城内主干道和水道系统进行勘察，证明北魏洛阳城的规模，东至西、南至北俱已扩大达到 10 千米。也说明随着城市扩大，城内布局发生新变化，原来汉晋洛阳城变成了内城，是宫城、宗庙和中央衙署的所在，扩大出的外郭城内则成

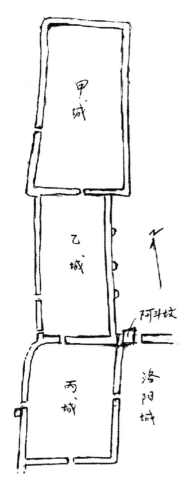

图4-3　北魏洛阳金墉城
遗址平面示意图

为主要居民里坊区和工商市场所在地，在外郭城规划了320坊，每坊一里，坊开四门，坊内辟十字街，形或封闭式的坊制。因而内城已具有如同后来隋唐时期都城内皇城的性质。并在内城的西北角，继魏晋时期修筑的小城（丙城），北魏以后又继续向北修筑了两个小城（甲城和乙城），形成今日由3个小城组成的金墉城，为全城的制高点。据《洛阳伽蓝记》等记载，在金墉城西北角还存在有曹魏时所筑的"百尺楼"。从2001年开始了对北魏宫城正门（南门）阊阖门的发掘，表明北魏宫城正门不在南墙中央，而是稍稍偏西，城门正南北向，建筑在面阔44.5、进深24.4米的大型夯土台基上。在台基表层清出南北5排、东西8列共40个柱坑础坑，构成面阔7间、进深3间的柱网。东两列柱础构成东墩台，西两列柱础构成西墩台，中间偏东两列柱础和中间偏西两列柱础，分别构成东隔间墙和西隔间墙，再由东西墩台和东西隔间墙，分隔出东、中、西3个门道。在台基东、西两侧筑有纵向的夯土墙，在两墙外侧又各有1座院落遗址，每组院落又各以墙分隔出两个大小不同的院落。又在台基前东西两侧建有带子阙的门阙，现阙台尚存，东阙台面阔29、进深29.4米，西阙台面阔29、进深29.1米。表明北魏改建洛阳时，在原魏晋宫城门原址重新建立了一座带有双阙的三门道具有特征的殿堂式城门。以后又陆续对阊阖门遗址以北的北魏宫城二号建筑遗址和三号建筑遗址进行了发掘。二号建筑遗址南距阊阖门95米，夯土台基面阔约44.5、进深约24米，筑有夯土隔墙、墩台和附属建筑，墩台和隔墙之间分隔出3个门道。表明是又一座三门道的殿堂式结构宫门。三号建筑在二号建筑以北，南距二号建筑约80米，二者之间有南北向的御道相衔接，是一座布满柱网的大型宫殿建筑基址，主体部分的夯土台基面阔约36.4、进深约9米，在基址东、西两侧各设一个便门。三号建筑遗址向北正对着北魏宫城内最大殿址，该殿址应即正殿——太极殿。形成由北魏洛阳南城墙正门宣阳门，向北经纵贯全城的御道铜驼大街，到宫城正门阊阖门，再经北魏宫城二号建筑遗址、三号建筑遗址，抵达正殿太极殿的中轴线。城南郊汉晋时修筑的太学、明堂、辟雍等礼制建筑，太学和明堂北魏时重修沿用，但灵台则改变用途，可能其基址

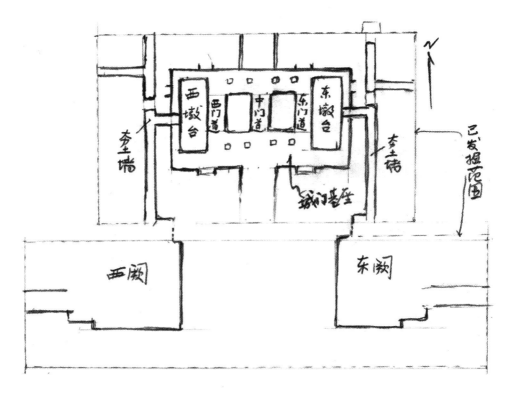

图4-4　北魏洛阳宫城阊阖门遗址平面示意图

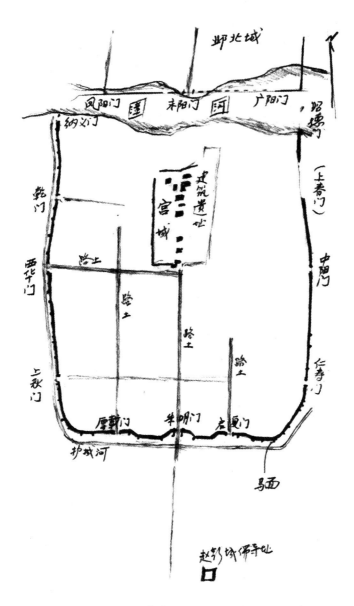

图 4 - 5　河北临漳东魏—北齐邺城（邺南城）
遗址勘探发掘情况平面示意图

上建有佛寺，至于辟雍，北魏时未再重修使用。据《洛阳伽蓝记》，北魏洛阳设有大量佛教寺院，形成与魏晋洛阳完全不同的独特布局，已经勘查发掘的著名佛寺遗址是位于城中宫城以南御道西侧的永宁寺，这座皇家佛寺的位置是在北魏迁都洛阳时已预留好的，但是直至熙平元年（公元516年），才由灵太后胡氏在此开始修筑永宁寺。经考古发掘，可知永宁寺整体为长方形院落，南北长301、东西宽212米。院内前部中心建九层木塔，塔后建佛殿，规模宏大。是以庞大的佛塔为中心、前塔后殿的平面布局，仍显示着早期中国佛寺的特征。

北魏分裂以后，东魏将都城由洛阳迁到邺，以后北齐继续以邺为都城，遗址在今河北临漳。由于曹魏邺城残破狭小，故在其南另筑新城。以邺北城的南墙为北墙，向南筑城，习称"邺南城"。对邺南城遗址也进行了全面勘探和部分发掘，邺南城最宽处东西2800、南北3460米，大致呈长方形。现已确定了四周城墙、马面、护城河等遗迹，探明了南墙、西墙和墙上诸门的位置，东墙因在现沙地与漳河河道内，故只能探出南侧一门，其余城门位置难以确定。这些城门除北墙三门为邺北城南墙三门外，其余诸门的名称，据文献记载："十一门。南面三门，东曰启夏门，中曰朱明门，西曰厚载门。东面四门，南曰仁寿门，次曰中阳门，次北曰上春门，北曰昭德门。西面四门，南曰上秋门，次曰西华门，次北曰乾门，北曰义纳门。"还确定了3条南北大道（暂名厚载门大道、朱明门大道、启夏门大道）和3条东西大道（乾门大道、西华门大道、上秋门大道）的位置，其中朱明门大道存长1920、宽38.5米，路土厚0.2~0.4米。并探明宫城在城内中央偏北，东西约620、南北970米，四周有宫墙遗迹。宫城内及其附近探出主要宫殿基址15座。还对南城正中的朱明门遗址进行了发掘，该门有3个门道，门前左右两侧伸出双阙，门墩长84、进深20.3米，中央门道宽5.4、两旁门道宽4.8米，门道之间隔墙均宽6米。门墩向南伸出东西两道短墙，两墙内侧相距56.6米，墙南端接方形的阙，东阙边长 14.68、西阙边长 14.8 米。为了防御的需要，邺南城的城墙附加的马面设置较为密集，现共探出 50 座之多，各门之间设置数量不等，少的 5 ~ 6 座，多的 9 ~ 10 座。马面呈长方形，宽 18 米左右，伸出城墙 12 米左右。同时还将东、南、西三面城墙修筑成为舒展的曲线，且东南、西南两城角还修筑成圆角（明·崔铣：《嘉靖彰德府志》卷八记，筑邺南城时"掘得神龟，大逾方丈，其堵堞之状，咸以龟象焉"。这是后人见邺南城圆城角呈"龟象"之附会）。在城外修掘护城河，护城河基本与城墙平行，东、南墙与护城河约距 120 米，西墙较近，相距约 28 米，护城河一般宽 20、深约 1.8 米，东南、西南两城角外的护城河内岸也呈弧形圆角，但外岸为直角，使河面更显宽阔，增强了防御效能。在朱明门外的护城河中，曾发掘出部分战争中遗留的甲胄、兵器等遗物。经过勘察，邺南城应延续了北魏洛阳规制，修筑有外郭城，目前有关考古勘察还在进行中。同样是延续北魏都城的传统，邺南城也修筑有规模宏大的佛寺，已经在南城朱明门外东侧发现一座大型佛寺遗址。佛寺总平面大致呈方形，东西长 552 ~ 453、南北长 433 ~ 435 米，占地面积达 19 万平方米，四周筑有围壕，壕宽（上口）5 ~ 6 米，壕深约 3 米，南面围壕居中辟有通道，应系佛寺正门位置。从南围壕通道向内可达佛寺居中的大型方塔，现仅存塔基。在方塔两

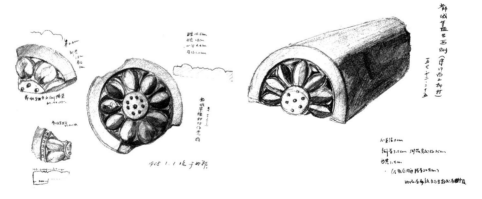

图 4 – 6 邺南城出土瓦当举例（1957 年俞伟超调查时所获瓦当速写）

侧邻近围壕的西南角和东南角，各有 1 座院落，布局对称。西南院落平面近方形，边长约 110 米，是四周以回廊式建筑围护的封闭式院落，院内偏北保存有坐北朝南的一座大型夯土建筑遗迹，面阔 38、进深约 20 米，原应建有佛殿。东南院落平面亦近方形，边长约 117 米，也是四周以回廊式建筑围护的封闭式院落，院内偏北亦建有坐北朝南的大型建筑，亦仅存夯土基址，面阔 36.6、进深 23.4 米，其东西两侧各筑有廊道与两侧回廊相连。在中央方塔两侧有墙，塔后靠近北面围壕处也发现有大型建筑遗址。虽然对这座佛寺的发掘工作还在继续进行，但从已出土的遗迹可以看出其总体布局，中轴线上仍沿袭早期以佛塔为中心、前塔后殿的基本格局，但已在两侧增设以佛殿为中心的院落，布局对称。应是与北魏洛阳永宁寺类似的东魏、北齐时的一座重要的皇家佛寺。综上所述，因为东魏、北齐的邺城（邺南城）是新建的城市，摆脱了北魏洛阳由于改造前代都城导致的各种局限，虽然仍模仿北魏洛阳，建造时"上则宪章前代，下则模写洛京"（《魏书·李业兴传》）。因是新建，所以能按照预定的城市规划设计施工，故其平面布局更为规整。中轴线明确规整，由朱明门向内的大道，通向宫城正南门，至宫城内主要宫殿。城内主要街道规划整齐，三纵三横大道垂直相交，道路网络呈棋盘格状分布。可以看出以后隋大兴唐长安城的平面布局，明显承袭自邺南城，因此邺南城在中国古代都城平面布局的承上启下作用不容忽视。

当东魏营建新都城邺南城时，西魏则将都城迁到西汉都城长安旧址，但是长安城自新莽时被兵火焚毁，东汉时将都城迁往雒阳，后长安城虽有所恢复，但在东汉末年短暂将都城迁来后，再遭兵火，导致原长安南部的宫殿区沦为废墟。后来十六国时期一些割据政权再次以长安为都城，没有着力重建原西汉时的宫殿区，而是选择西汉时不被重视的长安城偏北部，建设新的行政区和宫殿。在对西汉长安城诸城门的考古发掘中，可以看出西墙中央的直城门，因其位于未央宫北、桂宫南故西汉时地位重要，但遭新莽末年焚毁后，3 个门道中的两个

（南门道和中门道）都没有恢复，只有北门道后经修整被重新开通，一直沿用于十六国、北朝时期，到隋代以后才最终废弃。同时长安城墙西南角的角楼，对保卫未央宫是重要的城防设施，毁于新莽末年后，一直没有再修复。但是长安城东墙北侧的宣平门的情况却有所不同，虽也曾毁于新莽末年的战火，东汉时曾维修，但到十六国时期至隋之间又经过两次大规模维修改建，最后封堵了中央门道，使用南、北两个门道。宣平门的维修改建，应与都城政权中心地区移向东北部有关。近年来在对长安城内东北地区的考古勘察中，发现在宣平门大街、洛城门大街与长安城北墙、东墙围合的区域内，有东西相连的两座小城。西小城平面呈长方形，北墙利用长安城北墙，长 1214 米，南墙长 1236 米、西墙长 974 米、东墙长 972 米。城内有纵横各一条大路，呈十字形交会。在南城墙内偏西位置，存有一组建筑的夯土基址，包括一座坐北朝南的主殿和殿前的廊道，廊道左右有西阁和东阁，阁前对应建有西阙和东阙，主殿夯土基址面阔 128、进深 41 米。东小城与西小城

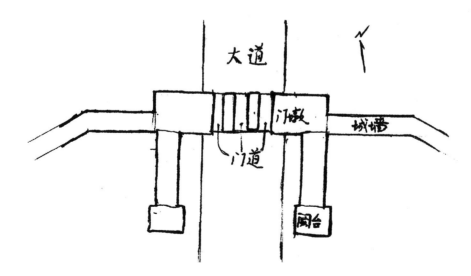

图 4-7　邺南城朱明门遗址平面示意图

并列，平面亦呈长方形，北墙和东墙利用原长安城墙，西墙即西小城东墙，北墙长 988 米、南墙长 944 米、东墙长 990 米。在城内探出部分道路及 3 处建筑基址。这两座小城建造和使用的时期，自十六国时期至北朝延续到隋初，对全面了解西魏、北周时的都城长安城，是极为重要的考古发现。

综观上述自北魏洛阳到东魏、北齐邺南城等都城布局的变化，明显与以前两汉的长安与雒阳不同，而是延续曹操兴建的邺北城创新的平面布局，进一步发展与演变，其特征主要有下述几点：

第一，都城内宫殿面积虽在全城总面积中所占比例与汉代相比日渐减小，但是高度集中，规整地布列于宫城之中。并从曹魏时内朝与外朝并列，改为内朝诸殿在后、外朝前置的格局。从此前朝后寝的格局，成为以后的封建王朝宫殿布局的传统规制。宫城确定到都城内最重要的北部居中部位。纵贯城区的中轴线，从南墙正门直到宫城南墙正门，入宫城直对正殿，中央官署分置宫城前中轴线两侧。进一步显示了中央集权的皇帝的权威。

第二，中轴线的设置，到邺南城时更加明确，将都城纵分为二。由四垣诸城门通向城内的三纵三横大道，垂直交错，形成道路网络，呈棋盘格状分布，都城平面规划日益规整。

第三，一般官员居民所居住的里坊区日渐扩大，由三国时期邺北城占南半部近全城二分之一的面积，到北魏洛阳更增加外郭城 320 坊，邺南城应延续北魏洛阳的规制，开中国中古时期封闭式里坊制城市之先声。

第四，随着佛教的日益兴盛，都城中开始出现宗教寺庙。在北魏平城，城中已有佛教寺庙。迁都洛阳时，已规划有皇家大寺的位置，后来在那里修建了永宁寺。以后寺庙在城中大量涌现，居民宗教生活日趋繁荣。邺南城沿袭北魏洛阳，同样修建有大量寺庙。都城中大量涌现的寺庙，呈现出汉魏都城没有的新景象。

第五，商业活动虽仍受官方严格控制，但商业区即"市"的重要性日益凸显。后来到隋唐时期，长安城中将东、西两市设在宫城前东西两侧，且各占地两坊。

第六，由于北朝时期战争不断，基于军事需要，城防工事更趋完备，特别注意城防制高点的控制，北魏洛阳在西北角构筑小城——金墉城，也具有同样的作用。邺南城更形成由弧曲的城墙走向、圆城角、马面、护城河构成的城防体系。

总的看来，宫殿的集中和民居里坊的发展，宗教的兴盛和商业的繁荣，反映出自汉至北朝时城市性质正在发生变化，孕育出以隋大兴、唐长安城为代表的新的布局，形成封闭式里坊制典型城市。所占面积日益增加的官员府弟、居民宅院、宗教寺院及商市店铺，已成一般建筑行业服务的主要对象。

（二）建筑技术的发展

南北朝时期，人们的社会生活发生了很大的变化。随着城市平面布局的发展演变，宫殿集中于宫城，民居里坊的扩大和发展，宗教建筑的兴盛，使得两汉时都城内建筑物主要为供帝王享用的宫殿群，转向在修建宫殿以外，更大量的建筑物是适于居住的居民住宅院落，以及供广大人群进行宗教活动的寺庙。建筑功能的多样需求，促进了建筑业的空前发展，也促进了建筑技术的新进展。

南北朝时期建筑技术的新进展的标志，是木构架建筑逐渐替代了土木混合结构（参阅傅熹年主编：《中国古代建筑史》第二卷《两晋、南北朝、隋唐、五代建筑》）。先看帝王的宫殿，汉代沿袭先秦传统，盛行以台榭建筑为宫室，其特点是夯筑高大的多层土台，主殿在最高的台顶，以实体夯土墙（有的墙体以壁柱加固）承重，中间有都柱，上承屋顶。夯土台四周的单坡辅助房屋，一般不能与台顶殿堂相通，均需经陛登台，才能上达。高台之间，以架空的木构阁道相通联。西汉长安城南郊王莽九庙遗址中最大的一座，台顶的主体建筑也是方形，中间有都柱，四周为用壁柱加固的夯土墙。三国西晋乃至北魏平城时期，可能仍以台榭为宫殿。但南迁江南的东晋，虽然主要宫殿建筑仍沿袭魏晋旧制，但全木构架建筑已有很大发展，特别是构筑佛寺的大殿。东晋太元四年（公元379年）桓冲为荆州牧时，邀翼法师度江建造东西二寺，"大殿一十三间，惟两行柱，通梁长五十五尺，栾栌重叠，国中京冠"（《法苑珠林》卷五二《伽蓝篇·营造部》）。可见是一座面阔13间、进深55尺的巨大木构架佛殿。进入南朝时期，自宋孝武帝时起不但大修宫室，而且帝王贵胄大肆兴建佛寺，佛殿比拟帝王宫殿，又竞构高塔，极大地推进了建筑业的发展。在北方，北魏孝文帝推行汉化，以南朝为榜样构筑宫室，迁都洛阳以后，北魏皇室同样大建寺塔，著名的永宁寺就是典型的例证。永宁寺内的九级木塔，"架木为之"（《洛阳伽蓝记》），已是木结构的高层楼阁式建筑，该塔在公元534年遭火灾焚毁，遗迹保留至今。现塔基已经考古发掘，为由地下至地面的多层的巨大方形夯土台基，上层台基每边长38.20米，四周台壁包砌青石，其上有方形柱础124个，排列成内外5圈，形成内有开佛龛的夯土方柱、外有檐柱的方形塔体，层层向上构筑，蔚为壮观，"去京师百里，已遥见之。……至于高风永夜，宝铎合鸣，铿锵之声，闻及十余里"。与永宁寺塔近似的东魏北齐时的佛塔遗迹，在邺南城遗址城南被发掘

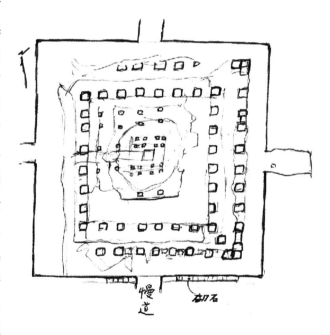

图4-8　北朝建筑举例：北魏洛阳永宁寺塔基遗址考古发掘平面示意图

出土，同样是地上和地下两部分构成的巨大方形夯土台基，地下台基槽为正方形，边长约45米；地上部分边长约30米，尚存3圈柱础遗迹，中央发现刹柱础石，其下设砖函，可能原瘗藏舍利等，惜早遭盗掘一空。从遗迹保存情况，可以推知这是一座比永宁寺塔规模略小的方形木塔。南朝和北朝竞建宏大的佛教寺庙和木构高层佛塔，对建筑技术的发展起了极大的推进作用。据分析，在北朝的佛教石窟中雕绘出的建筑图像，较早的还多是反映着土木混合结构的房屋的形貌，而到孝文帝太和年间，云冈石窟第12窟前廊东壁浮雕的三开间殿堂，外廊部分已是模拟木构建筑而雕刻的，斗拱与柱子对位表明木构架由以纵架为主体向以横架为主体过渡。到迁都洛阳后雕造的龙门石窟中，古阳洞南壁有小龛刻出屋形，柱子上伸，直托檐槫，阑额下移分间插入柱身，在阑额与檐槫之间，每间面阔用一个叉手，作为补间铺作。随后在路洞浮雕出的建筑，其阑额由柱上下移至两柱之间，起柱列间联系作用，柱头之上直托一斗三升斗拱，柱间在阑额上施叉手，分别形成柱头铺作和补间铺作，二者共同组成铺作层，上承屋檐、

图4-9　北朝建筑举例：北魏宋绍祖墓带前廊房屋形石棺示意图

屋顶。明显模拟的是全木构架房屋，表明木构架已摆脱夯土墙的扶持，其时间约在北魏末东魏。至于东魏时邺南城宫城内主殿太极殿，据记载周迥用一百二十柱（明《嘉靖彰德府志》），按所记柱数推算，它应是一座面阔 13 间、进深 8 间，中心部分长 7 间、深 2 间为内槽的木构架大殿。

　　建筑技术日趋成熟的重要例证之一是斗拱的发展。至迟在北朝晚期柱头铺作已经使用了五铺作的斗拱，虽然有关的木构架建筑实物没有保留至今的实例，但是在石窟的窟檐石雕尚保存有北齐时雕造的实例。近年重新揭露出的河北邯郸响堂山石窟南响堂第 1 窟的窟檐，在两侧的束莲八角立柱的柱头所雕柱头铺作，为五铺作出双抄斗拱。柱头施栌斗，斗口出二跳华拱，第一跳偷心，第二跳跳头之上托横拱（令拱），上承撩檐枋，横拱与外壁之间有枋子联结（衬方头），华拱和令拱拱头均作内䫴式卷瓣。依据在南响堂窟檐雕刻所雕出的构件中没有出现阑额，因此推断此檐柱构架应是前后对应的承重构架，是以排架为主的结构形式，这种形式的木构架建筑南北朝时或曾流行于南方地区（钟晓青：《响堂山石窟建筑略析》，《文物》1992 年第 5 期）。响堂山石窟的发现使我们修正了过去认为类似的五铺作斗拱到唐代才出现的旧看法，表明南北朝晚期木构架建筑已趋成熟。斗拱的发展，使殿堂屋宇出檐更深远，利于遮蔽风雨，改善了采光条件，室内举高增加，空间增大，极大

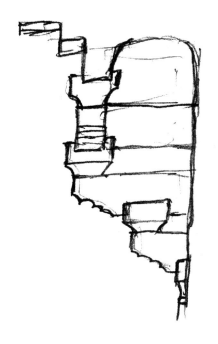

图 4-10　北朝建筑举例：河北邯郸响堂山石窟南响堂第 1 窟窟檐斗拱示意图

地改善了人们生活起居的条件。

（三）家具的创新

城市布局变化，导致民居所占总面积成倍增长。建筑技术发展，导致居室内举高增加，空间增大。随着居室条件的改善，人们为了使生活更舒适，自然对日用家具提出新的需求。同时政治环境的变化，也为新型家具的出现提供了条件。原来汉魏时期使用的传统的供席地起居的家具组合，本与先秦时期以来传统的礼俗紧密联系在一起，因此想改变席地起居的习俗绝非易事。经由丝绸之路传来的高足的域外家具，仅能到达今新疆地区，在那里的古代遗址留下一些踪迹，但无法突破传统礼俗的关隘东传到中原地区。只有当西晋灭亡以后，许多古代民族从东北、北方和西北各地入居中原，并纷纷建立政权，在一个时期或一个地区成为统治民族，更使其本民族的礼俗传至中原，促使各民族文化和习俗不断碰撞、互动乃至融合，并不断接受自丝路传入的域外新风，特别是佛教的兴盛，佛教文化也对世间礼俗有深远影响。因而在南北朝时期，能够突破了汉魏时期的传统礼俗，形成新的礼俗。这也使得日用家具得以突破仅供席地起居的传统模式，开始进入新

图 4 - 11　敦煌莫高窟第 285 窟倚坐佛像坐姿（1987 年为敦煌石窟研究国际讨论会发言稿所绘）

的发展阶段。

　　新的礼俗形成的过程中，与传统的席地起居习俗相联系的跪坐坐姿受
到的冲击最大。汉魏时被视为极不合礼法的蹲坐箕踞以及垂足跂坐，对惯
于游牧生活的北方和西北的古代民族说来都属正常的坐姿，并不认为有什
么失礼之处，不仅一般百姓如此认识，高官贵族甚至帝王也是如此。鲜卑
拓跋氏建立北魏王朝统一北方以后，南朝人士用传统眼光去看北魏宫廷中
的生活习俗，有许多被视为不合礼数之处。《南齐书·魏虏传》记："虏主
及后妃常行，乘银镂羊车，不施帷幔，皆偏坐垂脚辕中；在殿上，亦跂
据。"因此在汉魏时难以流传到中原地区的供垂足高坐的椅凳等坐具，到
十六国至北朝时期才得以流传。同时，佛教的流传，也促进了高足家具的
使用。信徒在寺庙中礼拜的佛像，其坐姿并非汉魏传统的跪坐姿态，而
是结跏趺坐、垂足倚坐、甚至是一腿下垂另一腿盘膝的思惟姿态，而且
佛坐皆为高坐具，与传统的席地起居无涉。这些被顶礼膜拜的佛像的坐
姿，对信徒来说当然是合于礼法，自会对人们的日常社会生活习俗产生
深远影响。目前我们能观察到的北朝时期描绘有高足家具的图像资料，
正是来自当时佛教的雕塑或绘画，特别是敦煌莫高窟等石窟寺内的雕塑
和壁画。

　　在江南地区，东晋政权建立后，因战乱逃亡故旧仪多已失传，以致
"朝臣无习旧仪者"。但东晋皇室仍力图恢复汉魏传统礼俗，只好由被认为
"谙练旧事"的刁协、荀崧等"共定中兴礼仪"（《晋书·荀崧传》）。梁时
沈约撰《宋书·礼志》时已指出当时"诸所论叙，往往新出"。虽然朝廷
礼仪已非汉魏故制，但日常生活中仍维持席地起居的旧习俗。传统习惯的
阻力，使东晋南朝的上层人士极力排斥垂足坐姿和高足坐具。但是到了梁
代，"虏俗"还是冲破了传统的藩篱，当北朝降将侯景发动叛乱，夺取了
梁政权以后，就随意改变朝廷礼俗，在上朝时"床上常设胡床及筌蹄，着
靴垂脚坐"。甚至乘辇时也在辇上置筌蹄而垂脚坐（《梁书·侯景传》）。
这自然扩展了垂足坐姿和高足坐具在江南的影响。

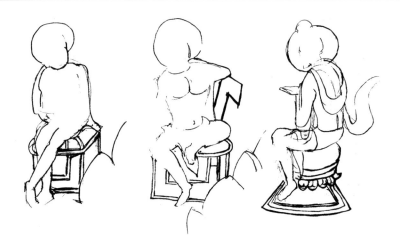

图4-12　克孜尔石窟壁画坐具图像举例（2008年为《华烛帐前明》所绘）

　　在从十六国到北朝时期的有关考古资料中，主要是佛教的雕塑和绘画中，可以看到高足家具的图像。在这类高足家具中，最常见的是一种束腰的圆凳——筌蹄。在新疆克孜尔石窟的本生故事壁画中，经常可以看到这种以植物枝条编成的束腰圆凳，有的圆凳外面还包束有纺织品。这种源于印度半岛的坐具传入中国后，因其形状类似竹编的捕鱼的筌，故人们借用了筌的名称，称其为"筌蹄"。在后来的云冈石窟中也可以看到束腰圆凳的浮雕图像。在云冈石窟第10窟前室西壁屋形龛的两侧雕出的思惟菩萨，都是作一腿下垂一腿盘膝姿态坐在束腰圆凳上。又如第6窟佛本行浮雕中，太子出四门遇到的病人也是双手扶杖坐于束腰圆凳上。在敦煌莫高窟的壁画中，也常见这种束腰圆凳的图像。较早的如在第275窟《月光王本生》故事画中，月光

图4-13　束腰圆凳
（敦煌第275窟月光王本生）

王赤身只着短裤坐于绘有直条纹的束腰圆凳上。较迟的如第 285 窟《五百强盗成佛》故事画中，受刑后的强盗们听佛说法，佛的坐具也是上覆白色织物的束腰圆凳，佛垂双足坐于凳上。除束腰圆凳外，在敦煌壁画中还绘有供垂足高坐的方凳的图像，如第 257 窟《沙门守戒自杀缘品》故事画中，可以看到两种方凳：一种是约与人的小腿高度相近的四足方凳；另一种是形如立方体的方墩，或可称为实体方凳。除了与佛教有关的图像外，在描述世俗生活的墓葬石椁石雕刻中，也已发现有束腰圆凳的图像。山东青州北齐石椁线雕画中，有一幅画出墓主垂足坐在束腰圆凳上的图像。

　　除束腰圆凳和方凳外，东汉末已传入中原的交足折叠凳——胡床，这时使用得更加普遍，甚至村中妇女也用为坐具，如北魏末年，尔朱敞逃避追骑，"遂入一村，见长孙氏媪踞胡床而坐，敞再拜求哀，长孙氏愍之，藏于复壁"（《隋书·尔朱敞传》）。邺城地区东魏武定五年（公元 547 年）墓出土有携带胡床的女侍俑，墓内所葬的死者赵胡仁就是一位妇女。

图 4 - 14　束腰圆凳
（敦煌第 285 窟五百强盗成佛）

图 4 - 15　方凳
（敦煌第 275 窟沙门守戒自杀品）

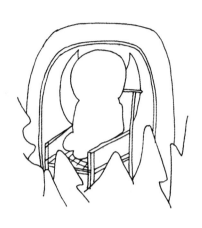

图 4 - 16 椅子
（敦煌第 285 窟山中禅修）

在有关高足家具的图像中，最值得注意的是出现了椅子的形象。在敦煌莫高窟第 285 窟西魏大统年间所绘壁画中，在窟顶北披下有一列草庐中禅修人像，有一禅修者正跌坐在一张椅子上。绘出的椅子形体清晰，四足，后有高靠背，两侧设扶手，这是目前所知有明确纪年的最早的椅子图像。在美国堪萨斯的纳尔逊·阿特金斯艺术博物馆藏有 1 件北朝造像碑，上面也有浮雕的椅子图像，其时代大致与敦煌壁画出现的椅子图像相当。表明至少在北朝晚期，这种新式的高足坐具已经出现在人们的社会生活中。

上述资料表明，东晋十六国到南北朝时期，随着民族习俗的变化和佛教的传播，高足家具已开始使用，不过还应注意的是当时传统的席地起居的家具还是占据着主要位置。在山西大同北魏司马金龙墓出土屏风漆画中，所绘家具还全是传统的席、床、榻和与之配合的低矮的屏风。而在敦煌壁画中大量出现的也还是传统的席、床、榻等家具。南朝墓中的"竹林七贤与荣启期"拼镶砖画，所绘人物更是坐卧于林木之间地面的席上。不过由于高足家具的使用，也促使传统家具随之出现造型和使用方面的变化，主有表现在下列两个方面。其一是坐具虽是传统的床、榻，但人的坐姿并不坚持传统的跪坐姿态。宁夏固原雷祖庙村北魏墓出土漆棺前挡，绘有鲜卑装人物坐于床上，坐姿则是交脚垂足的姿态。云冈石窟第 6 窟所雕维摩文殊对坐中的维摩和文殊都坐于四足的榻上，其坐姿都是垂足而坐。其二是随着高足家具的使用，传统的床、榻等坐具也有由矮变高的趋向。洛阳出土的北魏孝子石棺画像中的郭巨掘地得金后侍奉母亲时，郭母所坐大床四足颇高，约当立姿人像小腿的高度，明显高于先秦至汉魏床榻的高度。

综上所述，十六国至南北朝时期，新出现的高足家具和垂足坐姿，显示出社会习俗变化的势头日渐增强，传统家具也不得不增加足高以迎合时代潮流，使中国古代家具的发展步入一个新时期。

（四）瓷艺的发展和日用器皿的变化

在南北朝时期，瓷器生产的发展和普及，瓷质的日用器皿，基本取代了价格高昂的漆器和粗糙的陶器，改进了人们日常生活的质量，也改变了生活习惯。

回溯中国古代，由原始瓷器向瓷器的转化，应在东汉。对浙江省绍兴市上虞小仙坛窑址出土的青釉斜方格印纹罍残片检验的结果，其烧成温度达1310±20°C，显气孔率为0.62%，吸水率为0.28%，抗弯强度710千克/平方厘米，0.8毫米的薄片已可微透光，故透光性也较好。正由于小仙坛瓷片釉较薄均匀，胎釉结合好，胎呈较深灰白色，均匀致密，不吸水，击之有铿锵声。又根据化学组成、烧成温度、胎釉显微结构等数据，检验结果"认为这个标本已初步达到近代瓷的标准"，从而得出到东汉时完成了由原始瓷器向瓷器过渡的结论。

三国至南朝时期，浙江地区的制瓷业在东汉时期瓷器生产的基础上，有了更大的发展。自 20 世纪 50 至 80 年代，在浙江境内调查出的这一时期的瓷窑址，据不完全统计，已遍布

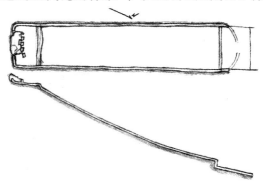

图 4 - 17　江西上虞鞍山三国时期
龙窑平、剖面示意图

浙江省的上虞、宁波、余姚、鄞县、萧山、金华、永嘉、余杭、德清、吴兴、临海、绍兴、丽水、奉化等县市。此外，在江苏宜兴，江西丰城，福建福州、晋江，湖南湘阴，四川成都、邛崃、新津等地，也都发现过两晋至南朝的青瓷窑址。考古勘察和发掘的材料表明，浙江各地的瓷窑普遍采用龙窑烧瓷，六朝时正是龙窑发展的重要阶段。通过对上虞鞍山三国龙窑、帐子山晋代龙窑等遗址观察，这时的龙窑比东汉时的窑身加长，装烧量增加，同时窑身前宽后窄，也有利于烧成。推测晋代可能已解决了龙窑分段烧成的问题，促使南朝前后龙窑逐渐向窄与长的方面发展，斜度更趋合理，使龙窑窑型一步步走向定型化。并且不断改善窑具和装烧方法，使青瓷器的产量和质量日益提高。也应注意到，六朝时虽以青瓷为主流，但也生产黑釉等瓷器，在浙江杭州老和山东晋兴宁二年（公元364年）墓即曾出土一组黑釉瓷器。

在考古发掘中获得的三国两晋南北朝时期的较完美的青瓷器标本，主要还是来自墓葬中的随葬品。也正是墓中出土的有纪年铭的青瓷标本或是依据墓葬的纪年，才得以对这时期的青瓷器进行断代研究，寻出它们发展演变的规律。对三国时孙吴青瓷的了解，20世纪50年代在南京地区孙吴墓葬中发现的纪年瓷器，是极重要的标本，如江苏江宁赵史岗第4号墓出土的"赤乌十四年（公元251年）会稽上虞师袁宜作"铭青瓷虎子，还有清凉山出土"甘露元年（公元265年）

图4-18　孙吴纪年瓷器举例：
赤乌十四年虎子

五月造"铭青瓷熊座灯和同墓出土的青瓷羊尊。同样也辨认出西晋、东晋等时期的青瓷器。随着文物考古工作的开展，获得的纪年墓出土的标本更丰富，对孙吴至南朝的瓷器的认识也更加清楚。

与江南青瓷器的发现相对应，在北方的墓葬中也有青瓷器出土。最早发现的应属河北景县封氏墓群随葬的青瓷器，特别是其中的大型青瓷莲花尊最为精美。经过化验，封氏墓出土的莲花尊的胎釉化学成分与南方越窑青瓷器有明显差别，其胎釉所含氧化铝较高（胎 26.94%、釉 16.35%），氧化硅（胎 67.29%、釉 57.25%）及氧化铁（胎 1.11%、釉 1.65%）则较低。正与南方青瓷相反，如浙江上虞西晋青瓷洗胎所含氧化铝较低（16.09%），氧化硅（70.60%）及氧化铁（1.88%）则较高。因此封氏墓莲花尊应是北方烧造的青瓷器。同时，在北方的河南、河北、山东等地北朝墓中出土的青瓷四系罐、六系罐、唾壶、碗等器，挂釉多不到底，造型质朴庄重，实用性强，都存在共同的时代特征，应均为北方产品。但对北方的北朝窑址，只发现有山东淄博塞里等处，有关探寻工作仍在进行中。

制瓷技术的进步，使得瓷器得以降低成本大量生产。质良物美的瓷器，与汉代盛行的日用漆器与陶器相比，具有许多优点。它质坚体薄，釉色晶莹外观美丽，使用时不沾腥膻，易于洗涤，自是陶器无法比拟的。与漆器相比，易于成批量生产，价格低廉，使一般人都能享用。因此，瓷器的普遍使用，极大地改善了一般民众日常生活的质量。从墓葬随葬品的变化，即可反映出从东汉到孙吴、南朝青瓷器日趋普遍的程度。在浙江黄岩秀岭水库墓群的发掘，可知当地在东汉末年还只用釉陶器随葬；而在孙吴天玺元年（公元 276 年）墓中，青瓷器却占了很大比例；到晋代，在 32 座有随葬品的墓中，出土的瓷器竟达 113 件，而陶器只有 13 件。雄辩地勾绘出江南青瓷器兴起的过程。为了提高青瓷器的美观，六朝青瓷器已摆脱了陶器的传统造型，创造出更能表现出瓷器胎薄而釉色莹碧的特征，并附合社会新时尚的新器型。除单一釉色和贴塑花纹等外，制瓷还采用了许多新的装饰手法，如在青瓷器上加饰酱褐釉色斑，进而发展了釉下彩的手

法。曾在南京雨花台长岗村 5 号墓，出土 1 件青釉有盖壶，在壶盖和壶体
上都是先以褐彩绘出繁缛细密的装饰纹样，由羽人、灵兽等配以花草、云
气组成，线条流畅多变，外罩青黄色釉。表明六朝时期已经掌握了烧制釉
下彩的先进工艺。总之，青瓷器已经进入社会生活的各方面，举凡食具、
酒具、文具、灯具、盥洗具等等，也用于制造随葬明器，特别是上面堆塑
人物、飞鸟、亭阙、神兽、佛像等的谷仓罐（魂瓶），它成为孙吴、西晋
墓中一种最具时代特征的物品。

（五）域外金银器、玻璃器的传入

两晋南北朝时期，随着中西商路的畅通，西方的金银器皿不断东输，
深受当时上层人物所喜爱，成为他们追求的豪华用具。20 世纪 50 年代以
来，考古发掘中不断获得罕见的西方金银器皿，有些发现于贵族高官的坟
墓中，有些发现于遗址或窖藏内。在贵族
高官墓中的出土品，如北魏正始元年（公
元 504 年）屯骑校尉建威将军洛州刺史封
和突墓出土的波斯萨珊贵族猎野猪金花银
盘、东魏武定二年（公元 544 年）司空李
希宗墓出土的波纹银碗、北周天和四年
（公元 569 年）柱国大将军河西公李贤墓出
土人物图像金花银胡瓶，还有大同南郊
M107 出土鎏金刻花碗。遗址和窖藏出土的
西方金银器，如山西大同北魏遗址出土多
曲长银杯、甘肃靖远出土的拜占庭鎏金银
盘，再如广东遂溪南朝窖藏出土的鎏金银
杯。对西方金银器的需求，也刺激了中国
金银器制造业的发展，所以到隋唐时期中国
出现了金银器制造的高峰。

图 4-19　西来金银器举例：
北周李贤墓出土金花银胡瓶

西方玻璃器皿，不论是罗马玻璃器，还是波斯萨珊玻璃器，输入中国后同样为人们所喜爱。在已发现的玻璃器中，也多是出土于贵族高官的坟墓中，如北京西晋华芳墓出土有带椭圆形乳钉纹的玻璃碗。北燕冯素弗墓出土过罗马玻璃鸭形器，是无模自由吹制成型的工艺品，制工精湛。南京象山王氏墓也发现有罗马黄绿色磨花圜底筒形玻璃杯。固原北周李贤墓，出土腹部有上下两周椭圆形凸饰的波斯萨珊朝玻璃碗。由于人们喜爱西方玻璃器，在中国亦开始仿制，促进了中国国产玻璃器的生产。又由于西方玻璃器价值昂贵，非一般平民所能享用，所以北魏时期甚至制作各种廉价的模拟品，以供一般平民使用。北魏洛阳城遗址发掘中，就出土有模拟波斯萨珊玻璃碗形貌的釉陶碗。

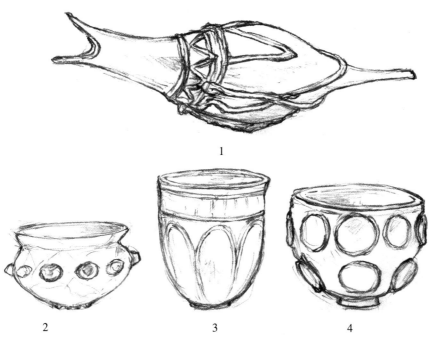

1

2　　　　　　　　　　3　　　　　　　　　　4

图 4-20　西来玻璃器举例

1. 辽宁北燕冯素弗墓出土鸭形器　2. 北京西晋华芳墓出土碗

3. 南京象山 7 号东晋墓出土杯　4. 宁夏北周李贤墓出土碗

　　此外，在北朝的遗存和墓葬中也常见拜占庭和波斯萨珊朝的金银铸币，但看来它们并不是作为货币使用，而是被视为珍宝或穿孔作装饰品。在河北定具塔基发现的北魏太和五年（公元 481 年）石函中，就有 41 枚波斯萨珊银币作为施舍的珍宝随佛舍利放置函中。在东魏茹茹公主闾叱地连墓和李希宗夫妇合葬墓中，都有作为饰物悬挂的穿孔拜占庭金币。

　　上述中国出土的西方金银器、玻璃器和金银铸币，都是当时中外文化交流的实物例证。

（六）骑兵的发展和甲骑具装的出现

　　魏晋南北朝时期，特别在长江以北的广大国土上，由于许多古代民族的流动迁徙，各族的传统文化、社会习俗也不断碰撞、接触、互动乃至融合，在军队组建和兵器装备方面也同样发生了新的变化。特别是一些原以游牧经济为主的古代民族相继入主中原，或在各地建立政权，由于原来这些游牧民族武装，依靠剽悍的骑兵，建立政权以后组建军队，其主力兵种同样是骑兵部队，所以兵器发展的重点就集中在骑兵的兵器和防护装具方面。对战马的驾驭和保护，更给予特别关注，表现在马具的不断完善和战马防护装具的日趋完备两方面，这也是显示这一时期兵器发展的特征之一。

　　十六国时期，在战场上出现成千上万的人披铠甲马披具装的重装骑兵相互搏战的情景，已经是司空见惯的事，但在汉末三国时期则是难以想象的。在曹操统军与袁绍对抗时，他的部队中装备的马铠还不足 10 具，而袁绍的上万的骑兵中装备有马铠的也不过区区 300 具而已，仅为 3% 左右。所以曹操在《军策令》中曾说：“袁本初铠万领，吾大铠二十领；本初马铠三百具，吾不能有十具。见其少，遂不施也，吾遂出奇破之。是时士卒精练，不与今时等也。”（《太平御览》卷三五六引）又如当时雄踞辽东的公孙瓒，军中以骑兵为主力，骑兵中又以“白马义从”为核心，“瓒每与虏战，常乘白马，追不虚发，数获戎捷，虏相告云‘当避白马’。因虏所忌，简其白马数千匹，选骑射之士，号为白马义从；一曰胡夷健者常乘白马，瓒有健崎数千，多乘白马，故以号焉"（《三国志·魏书·袁绍传》引《英雄记》）。如马披有具装铠，则只能遥见具装色彩（可参见《隋书·礼仪志三》），而不见马的毛色。说明这数千匹白马骑兵并没有装马铠。这些都表明当时马铠还是罕见的较珍贵的防护装具，所以曹操赐给他的爱子曹植的名贵铠甲，有黑光、明光、两当、环锁等铠，其中就含有一领马铠，见《北堂书钞》卷二一引曹植《先帝赐臣铠表》："先帝赐臣铠，黑光、明光各一领，两当铠一领，环锁铠一领，马铠一领。今世以升平，兵革无事，乞悉以付铠曹自理。"直到西晋初年，马铠仍是名贵物品，当司马炎称帝后，命卢钦为都督沔北诸军事、平南将军、假节，特赐给他"骑具刀器，御府人马铠"（《晋书·卢钦传》）。

　　大约经过了半个世纪，到了东晋十六国时期，情况发生了很大变化。在各个割据政权之间发生的纷争中，在东北、西北和中原地区的广阔原野上，日趋频繁地出现有重装骑兵——甲骑具装的身影，而且数量越来越众多。重装骑兵成长壮大的历史，又与鲜卑族军队有着紧密的联系。例如石勒在俘获鲜卑末柸的战斗中，夺得鲜卑军队的铠马5000匹，见《晋书·石勒载记》："鲜卑人屯北垒，勒候其阵未定，躬率将士鼓譟于城上。会孔苌督诸突门伏兵击之，生擒末柸，就六眷等众遂奔散。苌乘胜追击，枕尸三十余里，

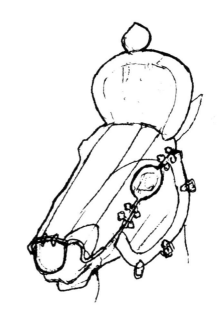

图 4-21　辽宁朝阳十二台乡十六国时期墓（88M1）出土铁马面帘

获铠马五千匹。"在石勒大败鲜卑将姬澹（又作箕澹，是归附刘琨的鲜卑猗卢部将）时，俘获的铠马多达万匹（《晋书·石勒载记》）。又姚兴击败鲜卑乞伏乾归军时，"收铠马六万匹"（《晋书·姚兴载记》）。以上诸例表明当时鲜卑族军队的主力兵种是战马披铠的重装骑兵。在东晋将桓石虔在管城与前秦苻坚荆州刺史梁成军战斗中，曾获具装铠 300 领（《晋书·桓彝传附子石虔传》）。后来，刘裕率东晋军北伐南燕慕容超后，又将鲜卑重装骑兵收编入南方军中。义熙六年（公元 410 年），刘裕破卢循之役中，就出动鲜卑重装骑兵作战，曾"使宁朔将军索邈领鲜卑具装虎班突骑千余匹，皆披练五色，自淮北至于新亭，贼并聚观，咸畏惮之"（《宋书·武帝纪上》）。

在各地的田野考古调查发掘中，目前也已获得了大量有关东晋十六国至南北朝时期重装骑兵——甲骑具装的文物资料。特别是在辽宁朝阳、北票等地，不断获得十六国时期前燕、后燕和北燕的铁质马具装实物。在朝阳十二台乡和北票南八家喇嘛洞两处墓地都有出土，十二台乡 88M1 中马具装的面帘已复原，应是慕容鲜卑前燕的遗物。另外在北票西官营子北燕冯素弗墓中也出土有大量已散乱的马具装铠铁甲片。又在逃至高句丽境内的原前燕司马冬寿墓（东晋永和十三年，即升平元年，公元 375 年）壁画中绘有甲骑具装的图像，说明至迟在 4 世纪末，与慕容鲜卑相邻的高句丽族军队也已引进了重装骑兵的防护装具，所以吉林通沟地区的高句丽壁画墓中，如通沟 12 号墓、麻线沟 1 号墓和三室墓等都出现有甲骑具装的画像。在中原和关中地区，陕西西安地区的十六国时期墓葬随葬的陶俑中，已经出现甲骑具装俑。当拓跋鲜卑建立北魏以后，在平城（今山西大同）附近的墓葬中，随葬俑群内已出现大量的甲骑具装俑，在北魏迁都洛阳以后的墓葬中，在随葬俑群内同样有数量众多的甲骑具装俑。以后北魏分裂为东、西两个政权，在东魏——北齐、西魏——北周的墓葬中，仍旧随葬有大量甲骑具装俑。在南方，远在西南的云南昭通后海子东晋太元十至二十年间（公元 385～395 年）的霍承嗣墓壁画中，已有甲骑具装图像。江苏丹阳的南朝大墓的拼镶砖画中和河南邓县画像砖墓的画像砖中，都有甲骑具装的图像。这些考古资料，充分反映出东晋十六国至南北朝时期军队中甲骑具装的真实面貌。

东晋十六国时期的铁质具装铠，结构完备，主要由六部分组成，一是"面帘"，用以保护战马头部；二是"鸡颈"，用以围护战马脖颈；三是"当胸"（荡胸），用以保护战马前胸；四是"马身甲"，用以保护战马躯干；五是"搭后"，用以保护战马后臀；六是"寄生"，树立在马尻部，用以保护马上战士后背，并起装饰作用。其中面帘由大型的特殊甲板铆接成型。鸡颈、当胸、马身甲和搭后等部分，则均由大小不等的甲片编缀而

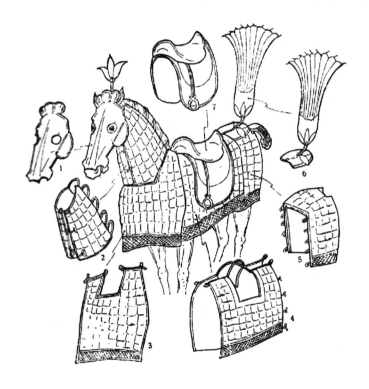

图 4-22　东晋十六国南北朝时期马具装结构示意图

1. 面帘　2. 鸡颈　3. 当胸　4. 马身甲　5. 搭后　6. 寄生　7. 鞍鞯和镫

（1975 年为《中国古代的甲胄》所绘）

成，所用甲片一般比人铠为大，编缀方法基本相同，外缘以各种织物包边，为了使铁甲不致磨伤战马肌肤，甲片下要有较厚的衬垫。寄生也用金属制作，最早呈竹枝状。《南齐书·高帝纪》："……军容寡阙，乃编 皮为马具装，析竹为寄生，夜举火进军，贼望见恐惧，未战而走。"可证当时寄生作竹枝状。后来寄生的形状，改呈扇形。

　　由于战马披上厚重的护甲，战士为了控御马匹和列阵、冲锋，以及做各种战术动作，就需要有完备的马具。所以乘骑用的成套马具的完备，也正是在这一时期。除了前后带高鞍桥的马鞍的普遍使用以外，重要的起决定性作用的是马镫的发明。马镫的发明，是中国古文明对世界文明的一项重要贡献。最早的马镫的雏形，是在1958年湖南长沙南郊金盆岭西晋永宁二年（公元302年）墓发掘中获得的。该墓出土一组青釉俑，其中骑俑所跨马的前鞍桥左侧下垂一个三角形的镫，右侧则没有，镫革颇短，骑士的脚垂在镫以下，看来那是为了使骑士迅速上马时蹬踏的，骑上以后就不再用了。晋俑陶马塑出的单镫虽外貌简陋，但其意义颇为深远，预示着骑马术将产生巨大变革，所以资料发表以后，立即受到中外学者的注意。1961年我曾在夏作铭先生指导下与武伯纶先生讨论马镫在中国出现的时间问题，指出长沙西晋永宁二年（公元302年）墓陶骑俑乘马塑出的马镫是最早的实例（见《关于铁甲、马铠和马镫问题》，《考古》1961年第12期）。日本学者樋口隆康1971年对长沙骑俑马镫进行研究，写出《镫の 生》（载《青陵》第19号）。英国学者李约瑟也很重视

图4-23　湖南长沙西晋永宁二年墓
出土骑俑的马和马镫示意图
（1975年为《中国古代的甲胄》所绘）

长沙西晋骑俑马镫，充分评价其对世界文化史的贡献，指出人类骑马史的大多数时间里，双脚都无所寄托，只是到了大约公元 3 世纪，中国人才改变了这种局面，长沙西晋骑俑马镫是最早的对镫的描绘。后来美国罗伯特·K·G·坦普尔将李约瑟的《中国科学技术史》简化而向大众介绍，写成《中国：发明与发现的国度——中国科学技术史精华》（21 世纪出版社已有中译本于 1995 年出版），书中形象地描述说："如果没有从中国引进马镫，使骑手能安然地坐在马上，中世纪的骑士就不可能身披闪闪盔甲，救出那些处于绝境中的少女，欧洲就不会有骑士时代。"又说："只要我们想一想中世纪欧洲，我们眼前便出现身穿盔甲，手持沉重长矛和骑在马背上的骑士。然而，如果没有马镫，他们是不会那么神气的。因为没有马镫，负担如此沉重的骑手势必很容易跌下马来。中国人发明了马镫，使西方有可能出现中世纪的骑士，并赐予我们一个骑士制度的时代。"

西晋以后马镫不断改进，到东晋十六国时期配备着双镫的高鞍桥马鞍已被普遍应用，这一时期的马镫实物也不断被发掘出土，河南安阳孝民屯 154 号墓出土了包镶鎏金铜片的高鞍桥马鞍、单马镫和全套马具，辽宁朝阳袁台子壁画墓出土了木芯包皮革髹漆高鞍桥马鞍和一双木芯包皮革髹漆马镫，辽宁北票西官营子北燕冯素弗墓出土了一双木芯包镶鎏金铜片马镫，等等。依据上述考古发现，已可初步推知东晋十六国时中国古代马具发展的序列。只有装备了改进的高鞍桥马鞍和马镫，才有可能使身披重铠的骑兵能够控御体披重铠的战马，才有可能组建以甲骑具装为主力的军队。

到南北朝时期，具装铠的使用更加普遍，不论是北方还是江南的墓葬中，在出土的俑群和砖画、画像砖中都可以看到有关马具装的图像。遗憾的是随着埋葬习俗的变迁，已不再用具装铠随葬，因此目前尚缺乏这一时期的具装铠实物。从有关图像观察，南北朝时期的具装铠，基本结构与十六国时期相同，只是细部有些改进，主要是面帘部分，由原来的半面帘改为将马头全部套护的全面帘，从敦煌莫高窟第 285 窟西魏壁画看，也有用小甲片编缀而成的面帘。同时寄生的形貌均呈扇状，装饰更显华美。北周武帝宇文邕孝陵出土的甲骑具装陶俑，马具装铠的彩绘明显分为两类，一类绘出成排的甲片，应是模拟钢铁制作的、以甲片编缀的具装铠；另一类绘出类似虎斑的纹饰，应是模拟皮革制作的具装铠，正如文献所记"具装虎斑突骑"。反映了当时军中实战装备的具装铠，所用材质系有钢铁和皮革两类。至于帝王等高层人物用的豪华具装铠，或选用贵金属制作，如南齐东昏侯萧宝卷，"马被银莲叶具装铠，杂羽孔翠寄生"（《南齐书·东昏侯纪》），形貌华美异常，但仅为炫耀身分地位的象征物，并无实战意义。

由于东晋十六国至南北朝时期重装骑兵——甲骑具装的空前发展，并成为军中主力兵种，因此设计和制作适合甲骑具装的各种兵器和装备，就成为当时兵器制作业的主要任务。主要表现在矛盾的两个方面。一方面是制作更为适用的铠甲，改进其细部结构和防护性能，如将人铠由两当铠改为明光铠。另一方面是改进格斗兵器的效能，以期能穿透杀伤装备铠甲和马具装的战士和战马，骑兵的主要格斗兵器，逐渐由戟改为长刃的马矛——槊，又从改进材质入手增强钢刀的性能，发展强弩，等等。使得这一时期军队的基本装备呈现出与汉代不同的时代特征。

· 第五讲 ·

南朝陵墓石刻和画像砖、拼镶砖画

（一）南朝埋葬习俗的新变化

三国两晋南北朝时期，埋葬习俗发生的第三次大变化，是在南北朝时期。在南方，东晋大兴年间已改西晋旧制，从禁止墓前神道立石兽碑表，开始准许立碑。《宋书·礼志》："至元帝太兴元年（公元318年），有司奏：'故骠骑府主簿故恩营葬旧君顾荣，求立碑。'诏特听立。"此后禁令渐颓，"大臣长吏，人皆私立"。虽在以后义熙年间又议禁断，但并未生效。到南朝时期，逐渐在帝王陵墓前重新恢复了由碑、柱、神兽组合的神道石刻，并在地下修造宏大墓室，室内大量装饰替代壁画的拼镶砖画。江南一带因为地下潮湿，砖壁绘画后颇难保存，因此代之以拼镶砖画，它应被视为壁画的一种特殊形式。神道石刻、拼镶砖画和墓内随葬的石（砖）墓志等，表现出新的与西晋不同的厚葬之风。

（二）南朝陵墓神道石刻及墓阙

南朝的陵墓遗迹，分布在今江苏南京、丹阳一带，陵园建筑虽已无存，但有些神道石刻尚遗留至今。据统计，分布在南京城东、北郊区迄江宁、句容县境内现存南朝神道石刻18处50件，丹阳有11处26件。年代最早的是宋武帝刘裕初宁陵石兽，最迟的是陈文帝陈蒨永宁陵石兽，而以齐、梁两朝的数量最多。从现存石刻观察，如保存完整，一组石刻应包括神兽、石柱和石碑。皇帝陵墓前的神道石刻，其雕琢较王侯墓精细美观。这些石刻在延续汉代陵墓神道石刻传统的基础上，造型特征有了新的变化，具有时代特点。随着时间的推移，石刻表现的气势有所变化。宋是开

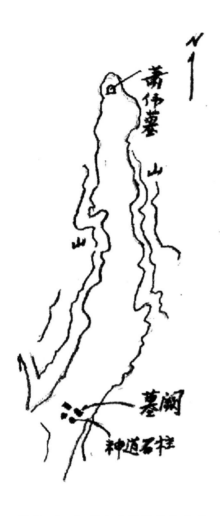

图 5-1　江苏南京梁萧伟墓和神
道墓阙平面示意图

创期，以神兽为例，其造型稍感简朴，但颇浑厚自然；齐、梁时是成熟期，作品造型雄健，姿态更为生动；到陈则进入衰微期，当时国势日微，衰败之气也反映到艺术作品上，所雕神兽的头颅颇大而向后仰，显得缩颈拱肩，四肢矮短无力，无复过去那挺胸傲视的雄姿。这些石刻安置在墓冢封土前，墓阙前面，成对排列在神道两侧，依次是神兽、石柱和石碑。虽然南朝陵园的完整平面布局还不够清楚，但通过对南京圣家洼梁南平王萧伟墓阙遗址的发掘，已对墓阙有了较清楚的了解。萧伟墓阙分为东、西两阙，阙基夯筑包砖，均平面长方形，西阙东西长 11.28、南北宽 1.94 米，东阙长 11.81、宽 2.03 米，两阙之间门道宽 5.67 米。出土大量筒瓦、板瓦和瓦当，瓦当均为莲花纹，以 8 瓣为多。因此推知阙上原铺有瓦顶。

（三）南朝陵墓拼镶砖画

南朝墓室壁画的题材和布局，过去因为缺乏资料而情况不明，现在由于拼镶砖画这种特殊形式的壁画的不断发现，使我们得以弄清其大致的轮廓。拼镶砖画在东晋永和年间开始出现时，也只是表现传统的龙、虎题材，只是到了南朝初年，制作出大幅的竹林七贤和荣启期拼镶砖画以后，南朝的墓室壁画的内容和布局才出现了划时代的变化。可以认为拼镶砖画的出现、发展和成熟，标志着南朝墓室壁画进入时代特征鲜明的新阶段。

成熟的大幅拼镶砖画，主要发现于南朝时期的较大型的砖室墓中。这些墓葬都具有较大的砖筑券顶墓室，前有甬道，设双重石门，在墓内壁面嵌砌多幅拼镶砖画。这些砖画的做法是将画像按粉本分别模印在砖坯上，在坯侧刻划名称和编号，以防混乱，入窑烧成砖后，再按砖侧所刻名称和编号，对照原粉本，依次嵌砌在壁面上，组成整幅图像。但目前尚未在嵌砌有拼镶砖画的墓中发现纪年资料，也缺乏墓内所葬死者和其确切身分的文字纪录，不过从其埋葬地点、遗存的墓前石刻等结合有关文献，可以推知大多是当时南朝帝王的陵墓，目前发现的嵌有大型多幅拼镶砖画的墓葬主要有西善桥、鹤仙坳、金家村、吴家村、油坊村等五座。现分述于下：

西善桥拼镶砖画墓，位于南京西善桥宫山北麓，1960年发掘。该墓为较大的券顶单室砖墓，设石墓门，左、右两壁各嵌砌一幅大型拼镶砖画，画面各为240厘米×80厘米。砖画题材为竹林七贤及荣启期像，均席地坐卧，各像间以树木相隔，像旁榜题姓名。每壁四像，一侧为嵇康、阮籍、山涛、王戎，另一侧为向秀、刘灵（伶）、阮咸和荣启期。

鹤仙坳拼镶砖画墓，位于江苏丹阳东北胡桥鹤仙坳南麓，1965年发掘。该墓为大型券顶单室砖墓，设两重石门，甬道及墓室两侧壁面嵌砌有多幅拼镶砖画。墓前510米处尚保存有一对石雕神兽。该墓拼镶砖画大多残毁，较完整的仅存五幅。甬道原嵌狮子砖画，现仅存铭文残砖。墓室内壁砖画分前后两段和上下两栏，前部上栏仅存西壁的"大虎"砖画，虎前有羽人引导，虎上有飞仙三人。下栏亦仅存西壁砖画，在"大虎"砖画下，计三幅，由外至内为甲骑具装、执戟侍卫和执伞盖仪从。东壁砖画已

图5-2 江苏南京西善桥墓墓壁"竹林七贤和荣启期"拼镶砖画拓本

残,推测上栏与大虎对应处应为大龙,下栏与西壁相同。后部上栏为竹林七贤和荣启期砖画,残缺较甚;下栏东壁尚保存骑马鼓吹砖画一幅。残砖中有"朱鸟"砖铭,但不详其位置。在该墓发掘后,有人还曾在该墓拾到过龟背纹带"玄武"铭的碎砖。据推测,鹤仙坳墓可能系齐景帝萧道生(明帝萧鸾的父亲)的修安陵。

金家村拼镶砖画墓,位于江苏丹阳建山金家村(又称金王陈),1968年发掘。该墓为大型券顶单室砖墓,设两重石门,甬道及墓室中共嵌砌拼镶砖画十二幅。甬道口与第一重石门间顶部嵌砌日、月砖画,砖铭分别是"小日"、"小月"。甬道两侧各嵌砌两幅砖画,前为狮子,后为手扶长刀的披铠门吏。墓室内两侧壁面各嵌砌上下两栏砖画,上栏前部分别为青

图 5 - 3　江苏丹阳胡桥鹤仙坳南朝墓甲骑具装拼镶砖画示意图
（1975 年为《中国古代的甲胄》所绘）

龙、白虎，砖铭分别是"大龙"、"大虎"，龙、虎前有羽毛遍体的仙人引导，身躯上方有三位飞仙。上栏后部嵌砌竹林七贤和荣启期砖画，每侧四像，一侧像旁榜题为嵇康、刘伶、山涛、阮步兵，另一侧为王戎、山司徒、阮咸、荣启期。这些榜题与画面对照西善桥墓的拼镶砖画，明显存在讹误错乱，并有重复，其中榜题"刘伶"的像应为阮籍，"阮步兵"应为王戎，"王戎"应为向秀，"山司徒"应为刘伶。下栏每侧各有四幅砖画，由前向后依次为甲骑具装、立戟侍卫、持扇盖的仪仗和骑马鼓吹。此外，在甬道口向外一面，残存有彩绘壁画遗痕，内容不详。推测可能是齐东昏侯萧宝卷墓。

　　吴家村拼镶砖画墓，位于江苏丹阳胡桥吴家村，1968 年发掘。该墓为大型券顶单室砖墓，设两重石门，甬道及墓室中保存拼镶砖画十幅，内容与位置与前述金家村墓相同，但缺少金家村墓的日、月两幅砖画。墓中的竹林七贤和荣启期砖画中的姓名榜题也有讹误之处，其中一壁前两像缺乏榜题，后两人为山涛、阮步兵，另一壁为荣启期、阮咸、山司徒、王戎。经与画面人物特征对照，其中"阮步兵"像应为王戎像，"荣启期"为向秀，"阮咸"为刘伶，"山司徒"为阮咸，"王戎"为荣启期。在甬道口向外一面，也残存有彩绘壁画残迹。推测该墓可能是齐和帝萧宝融的慕安陵。

油坊村拼镶砖画墓，位于南京市西善桥油坊村罐子山北麓，1961年发掘。该墓为大型券顶单室砖墓，设两重石门，仅甬道两侧嵌砌有拼镶砖画。砖画题材为狮子，画面105厘米×65厘米。甬道右壁狮子砖画头部缺失，蹲坐姿态。据推测该墓很可能是陈宣帝陈顼的显宁陵。

除了大型陵墓中的大幅拼镶砖画以外，在常州等地的一些中小型墓葬中也还有一些仅由少数几块砖拼镶的砖画，在常州市南郊的田舍村墓和戚家村墓中，都嵌砌有小幅拼镶砖画。田舍村墓中嵌砌有由4～7块砖拼镶而成的砖画，题材有车马出行、仙人乘鹿、飞仙、狮子和凤凰等。在甬道的两侧各嵌有一幅由7块砖拼镶的出行画面，画面35厘米×16.5厘米，右壁是乘车出行，牛车后随行三女侍；左壁是骑马出行，一人牵马，后随执伞、扇等物的四女侍。戚家村墓中虽以花纹砖与画像砖为主，但也有小幅拼镶砖画，题材有飞仙、狮子、龙、虎、凤凰等。远至福建的南朝墓中，有的也嵌砌有小幅拼镶砖画，如闽侯南屿南朝墓中，也有由两块砖拼镶的砖画，题材有莲花和宝炉，图像富有佛教色彩。

（四）南朝墓的画像砖

除上述诸墓外，还有一座值得注意的南朝墓，其中保留有目前尚存的南朝壁画，并有画像砖和拼镶砖画结合在一起的特殊处理方法。就是邓县画像砖墓，位于河南邓县学庄村西南，1958年清理。该墓为较大的券顶单室砖墓。砖券墓门绘有壁画，拱门上部绘双角作载状的巨大兽面。两侧壁画是对称布局，上为飞仙，下为身着袴褶外罩两当手拄仪刀的门吏。墓内壁面砌有凸出的砖柱，各柱的下部都是手拄仪刀的仪卫立像，均为正面姿态，制作方法很特殊，人像分三段，上段为人像的头部，下段为人像腿部，都是一方横置的整面画像砖；中段为人体，则由三层砖的砖侧拼镶而成。然后再施涂彩色，发髻黑色，冠上的簪浅绿色，脸施粉红色，上衣朱红，黄色两当，黄袴，黑履，仪刀鞘黑色。在砖柱上部嵌砌涂彩画像砖，甬道两侧为狮子；墓室两侧壁前部嵌砌麒麟，以及战马、仪仗、鼓吹、驮马等，中部为牛车、鼓吹，后部嵌砌孝子图像等；墓室后壁嵌玄武画像砖。与邓县学庄画像砖题材近似的，还有湖北襄阳的贾家冲墓，但是那座墓中缺少墓门壁画和室内由三段拼合的挂仪刀人像。

（五）南朝墓壁画的特点

综观上文所举南朝诸墓例，在都城建康（今南京）附近的几座有大幅拼镶砖画的墓葬，应属王侯陵墓。邓县学庄的画像砖墓，坐落地点靠近当时南北交界的前沿地带，应系与军事有关的高级官员或将领的坟墓，壁画的内容和布局与前一类王侯陵墓有所不同，下面分别叙述这两类墓室壁画的特点。

南朝王侯陵墓壁画——拼镶砖画在内容和布局方面有以下值得注意的特点。

第一，在甬道两侧布置有守门的狮子和挂仪刀的门吏。门吏为立像，戴冠披铠，面有胡须，挺身直立，仪刀直立身前正中处，双手拱于胸前握住刀柄，完全改变了汉代墓门处一般绘刻持帚、盾的亭长、门卒的传统布局。

第二，将四神中的龙、虎图像布置在墓室壁画的最前端，画幅增大，并有羽人引导。将大幅龙、虎画像置于各组壁画前的布局，对北朝乃至隋唐墓室壁画有深远影响。

第三，墓室主要位置，即墓室两侧后部上栏，嵌置巨幅对称画面，题材是竹林七贤和荣启期，反映出当时的社会风尚，以及绘画艺术的时代风格，具有鲜明的时代特征。

第四，墓室两侧壁面下栏，由多幅拼镶砖画组成墓内死者出行的仪卫卤簿行列，以甲骑具装为先导，随后是执戟的仪卫和高举伞盖的卤簿，最后是三骑一组的鼓吹乐队。其内容和布局也与汉代壁画车骑出行的画面完全不同，同样具有时代特征，也反映出不同时代礼仪制度方面的变化。

第五，在南朝墓室壁画中，就目前所见缺乏大幅的天象图像。丹阳的几座大墓中，仅金家村墓在甬道内有仅以两块砖拼成的小幅日、月图像，仍沿用传统的象征手法，日象是内立三足乌的圆日，月象是内有桂树下玉兔捣药的满月，但墓顶部缺乏星象图。

邓县墓内的壁画——壁画、拼镶砖画、画像砖，除一般的南朝风格外，有以下两点值得注意：

第一，墓门壁画，门额上出现巨大兽面，门两侧为挂仪刀戴冠披两当铠的门吏立像。

第二，墓内左右两侧及后壁下部都布置有戴冠披两当铠挂仪刀的仪卫人像，环卫全室。

通过上面对南朝墓室壁画的内容、布局分析，可以看到南朝时期的墓室壁画，在承袭汉晋传统的基础上，随着社会风尚、习俗及意识形态的变化有了新的变化。南北朝时期墓室壁画主要题材的更新，看来南朝要比北朝时间要早些，约始于南朝初始时期，到南齐时已趋成熟，而且变化的较为彻底，汉代壁画的遗痕较少，从丹阳的大型拼镶砖画墓可见一斑。

（六）南朝墓壁画和绘画史研究

南朝墓中的拼镶砖画，为研究南北朝美术史特别是绘画史，提供了极宝贵的资料。前已述明传世的顾恺之作品皆系后代的摹品，陆探微、张僧繇的画作连摹品也没有流传下来，而拼镶砖画，特别是竹林七贤砖画，正为人们提供了得以了解六朝绘画真貌的机会。中国古代绘画极重视线条的运用，砖画恰好突出了线条，因此能够较真实地反映出南朝绘画的时代风格的大略轮廓。

　　南北朝时期的墓室壁画，在内容方面与汉代有很大不同。当我们观察江西南昌东晋墓出土漆盘画上的人物面部造型时，可以明显看出仍与孙吴朱然墓出土漆器上所绘人物面部造型相同。而朱然墓漆器所绘人物造型，则明显承袭自汉代漆画，与乐浪汉墓出土竹笥漆画人物面部造型基本近似，面颊圆弧，眉目五官亦近同。也可见漆器工艺品所据粉本的滞后性。在江南的考古发现中，人物面相的变化的最早例证，是南朝墓中的"竹林七贤"砖画，其人物面相与南昌东晋墓漆盘画所显示的承袭汉魏的画法完全不同。这些考古发现的标本，可以表明墓室壁画可以勾画出绘画时代风格。

　　同时从已发现的墓室壁画的考古发现来看，南方南朝墓中的壁画（拼镶砖画）颇为繁荣，这也正能反映这一时期南朝画坛的繁荣景象。因为正是在这一时期，中国绘画发展的历史中发生了质的飞跃。据有关的文献资料，主要是唐张彦远的《历代名画记》的记载，绘画史上的这一次质的飞跃，要追溯到东晋时期，当时绘画创作步入上层社会，而且出现专供欣赏的绘画创作，这时期的代表人物是顾恺之。后来南朝画风又经两次变化，分别以刘宋陆探微和萧梁张僧繇为代表。画史中对顾、陆、张的绘画风格的特点，最精辟的总结是唐张怀瓘所言："象人之妙，张得其肉，陆得其骨，顾得其神。"（《历代名画记》卷七）。不过，仅据画史文献的记述，

图5-4　南朝拼镶砖画、西汉壁画、三国时期漆画所绘人物头像比较示意图

　　左. 南朝拼镶砖画，嵇康头像　左中、右中. 洛阳西汉墓壁画人物头像

　　右. 三国时朱然墓漆画人物头像

对同一画家又常有颇为不同的看法，如对顾恺之，当时名臣谢安认为他的图画"有苍生以来未之有也"（《晋书·文苑·顾恺之传》）。但南齐谢赫的评论则认为只够第三品，认为顾恺之的绘画"深体精微，笔亡妄下。但迹不逮意，声过其时。在第三品姚昙度下，毛惠远上"（《历代名画记》）。但到唐代，论者又多不同意谢赫论点，张怀瓘就认为"谢氏黜顾，未为定鉴"。但如不仅针对某画家的具体画作，而将其视为一个时期的代表，顾恺之还应被视作东晋时期画风变化的代表人物。其后的两次画风的变化，其代表人物也只能据画史而分别为陆探微和张僧繇。

　　与汉画研究一样，虽然东晋至南北朝时期绘画创作极为兴盛，但是留传至今的仅有一些后代摹本，如传世的顾恺之《女史箴图》、《洛神赋图》等，尽为后代摹本，而陆探微、张僧繇的画作，连摹本也没有流传下来（传张僧繇的《五星及二十八宿真形图》，恐与张僧繇无关，可不予考虑），因此南朝的拼镶砖画的发现，确为我们提供了许多了解当时绘画概貌的实物标本。而且南朝墓中拼镶砖画盛行时，恰值南朝画风由陆探微的瘦骨清象向张僧繇的面短而艳过渡的时期。同时也应注意到，由于墓仪制度的变化，南朝墓室壁画已成为当时显示身分地位的象征物，所以壁画的质量比汉代有很大提高，不过仍然因受丧葬习俗等的制约，当时的墓室壁画仍不能被认为能代表当时绘画艺术的最高水平。在观察南朝墓的拼镶砖画时，常会有人将某些墓中的画作与画史中著录的某些画家直接联系在一起，但缺乏文献证据。在有关文献中，寻不到东晋南北朝时期有画家曾经在墓室内作画的记录，只能看到许多名画家在佛寺中作壁画的事迹，其中最脍炙人口的是顾恺之瓦棺寺绘维摩诘施寺百万钱事。原因很简单，佛寺壁画是供广大人群供养观赏的，而幽闭的墓室和按墓仪摹写，既无人观赏又非艺术创作，不必找名家，只画匠即可胜任。甚至在墓内壁画完成后，也不作仔细的验收，或许是因构筑墓室到下葬时间所限，有的壁画制作出现明显疏漏，也被忽略过去，直到今日被发掘出来时，那些疏漏仍保留着。以南朝拼镶砖画为例，金家村和吴家村大墓中的"竹林七贤"壁画，人像旁榜题多处出现误差，如金家村榜题出现两个山涛（山涛、山司徒），其余亦多讹错，以之与西善桥七贤砖画相校，可知其中榜题"刘伶"的像应为阮籍，"阮步兵"为王戎，"王戎"为向秀，"山司徒"为刘伶。而且在东壁骑马鼓吹中第一人的面部拼砌颠倒，至今还头朝下嵌砌着。因此，没有切实证据就推测某墓为某位画家的作品，在学术上是不负责任的。但如推测是受到某位画家画风影响的画作，则完全有可能，这就和壁画"粉本"问题相联系。也就是说，墓内壁画所用"粉本"，原摹写自某位画家的画作，因此据其制作的拼镶砖画，自然显示着那位画家画风的特征。所以墓内的拼镶砖画，亦颇多精彩之作，但并非代表当时绘画的最高水平，只应视为了解当时绘画时代风格的标本。

南朝时期，中外文化互动频繁，外来宗教特别是佛教盛行。但是墓室壁画的绘制，系遵照中国古代的传统埋葬礼制，与死者信仰佛教等联系不大。南朝的帝王高官虽多虔信佛教，但已发掘的墓葬，从墓葬形制、墓室结构、墓室壁画和随葬遗物，均表明与佛教无甚联系。当然有关的佛教造型艺术，特别是装饰纹样中的莲花、忍冬及联珠纹图案等，以及守门的狮子和飞天等形象，都不免会对墓室壁画有所影响。

北朝墓室壁画

（一）北朝墓葬规制

对北朝墓葬的考古发现，主要集中分布于中原北方和关中地区，如河南、河北、山西、陕西、宁夏、内蒙古、山东等省区。自拓跋鲜卑族建立北魏王朝到隋朝统一的历史时期中，北朝墓葬的发展演变以北魏迁都洛阳为界，分为前、后两个阶段，前一阶段即北魏定都于平城的时期；后一阶段又以北魏分裂为东魏—北齐和西魏—北周为界，分为前、后两期。

在前一阶段，北魏建国之初，墓葬还缺乏规制。到定都平城以后，逐渐统一北方，墓葬习俗也日渐变化。拓跋鲜卑原有的葬俗，与中原北方原存的汉魏葬俗，还有一些由于南方政权变更而北逃的东晋皇族显贵所带来的南方新葬俗的影响，相互碰撞、融会，不断改变着墓葬的面貌。同时在北魏统一北方过程中，又将凉州和辽东等地官民大量迁至平城，因而各地传统的葬俗也随之影响到平城。这些因素，不断相互影响交融，在变革中逐渐形成新的葬俗。近年在山西大同对北魏墓的考古新发现中，纪年明确的有太延元年（公元 435 年）任侍中、平西大将军等职的破多罗氏父母墓、和平二年（公元 461 年）散骑常侍、选部尚书、安乐子梁拔胡夫妇墓、延兴四年至太和八年（公元 474～484 年）司马金龙夫妇墓、太和元年（公元 477 年）宋绍祖墓等，还有云波里路墓和文瀛路墓等壁画墓。此外，在内蒙古和林格尔榆树梁还曾发现过一座北魏早期的壁画墓。从大同地区发现的北魏平城时期墓葬，可以看出当时社会上层人士的墓葬，逐渐形成具有新的时代特征的形制，前设长斜坡墓道、内绘壁画的方形单室，随葬包括镇墓俑、出行仪卫（以鞍马和牛车为中心）的绘彩陶俑群，以房屋形貌的石棺或屏风围护的大床为葬具，等等。除墓室壁画外，绘有图像的还有木棺和石葬具，也发现过绘有漆画的木屏风。前设长斜坡墓道的方形单室砖墓的最高典范，是在方山安葬的文明皇太后的永固陵和原为孝文帝营建的"万年堂"，只是室内均未绘壁画，可能是沿袭汉魏帝陵的传统，但永固陵的石门附有精美的石雕。

在后一阶段前期，当孝文帝开始汉化改革并迁都洛阳以后，对葬于洛阳的贵族高官墓葬，日渐形成新规制，只是迁洛后不久孝文帝逝世，此后北魏皇权衰落、宫廷政变和权臣当政，最终导致政权分裂、北魏衰亡，有关新规制尚不够成熟。但从已发现的王族墓葬，如正光六年（公元525年）元怿墓、孝昌二年（公元526年）元乂墓、建义元年（公元528年）元邵墓等墓来看，北魏洛阳时期贵族高官墓葬的规制，大致是前设长斜坡墓道的方形单室砖墓，内施壁

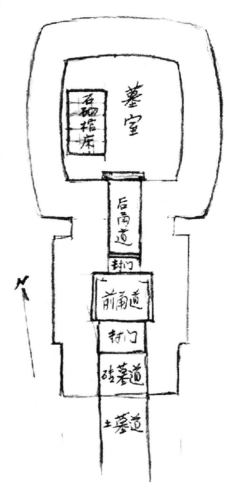

图 6 - 1　河南洛阳北魏景陵
墓室平面示意图

画，已知甬道绘仪卫，墓室内顶绘天象。有可能四壁绘有四神及墓主坐帐等画像。放置方形石质墓志，上覆石质盝顶墓志盖。随葬俑群包括镇墓俑（形体大于其他陶俑，包括甲胄武士形貌的镇墓俑和镇墓兽），甲骑具装、骑马鼓吹等前导以鞍马和牛车为中心的出行仪卫，家内婢仆和庖厨、畜禽

模型。其中身分最高的一座是宣武帝景陵，是一座平面方形的大型单室砖墓，墓壁涂黑色，不绘壁画。棺床纵置，筑于右壁偏后位置。因遭盗劫，遗物多已无存。地面神道石刻尚存有一尊侍臣立像。

在后一阶段后期，北魏分裂以后，东魏至北齐时期的墓葬直接承袭了北魏洛阳时期初步形成的规制，并且有所巩固和发展，形成更具时代特征的"邺城规制"。目前在邺城为中心的冀南豫北一带发现的东魏—北齐墓中，纪年最早的是东魏太平四年（公元537年）元祐墓，是一座前设带天井的长斜坡墓道的单室土洞墓，绘有壁画，放置墓志，有随葬俑群。已发现的重要的东魏壁画墓，有武定五年（公元548年）高长命墓、武定八年（公元550年）茹茹公主闾叱地连墓，北齐壁画墓有天统三年（公元567年）尧峻墓、武平七年（公元576年）高润墓和颜玉光墓，还有重要的湾漳大型壁画墓。其纪年始于东魏太平四年（公元537年）至北齐武平七年（576年）。目前所知东魏—北齐时期死者身分最高的几座都集中在这一地区之中，其中规模最大的属湾漳大墓，虽缺乏纪年资料，但可推知是北齐的帝陵之一，其次是闾叱地连和高润两座墓。除都城邺城地区的墓葬外，西面的晋阳（山西太原）地区和东面的青州（山东青州）地区，都发现有北齐时期的壁画墓。太原地区的北齐壁画墓，重要的如河清元年（公元562年）库狄洛墓、武平元年（公元570年）娄睿墓和武平二年（公元571年）徐显秀墓等；青州地区的北齐壁画墓，重要的有天保二年（公元551年）崔芬墓和武平二年（公元571年）□道贵墓等。这两个地区的墓室壁画，除显示与邺城地区相同的时代特征外，也各有不同于都城的地域特色。

在北魏分裂以后，西魏至北周时期的墓葬，也在承袭北魏洛阳时期初步形成的规制基础上有所发展，并显示出与东魏—北齐墓葬不同的一些地域特征。目前在陕西、宁夏等地已发掘清理的北周壁画墓较多，重要的有保定五年（公元565年）宇文猛墓、天和四年（公元569年）李贤墓、建德四年（公元575年）田弘墓和叱协罗墓、大象元年（公元579年）安伽墓等。但是北周武帝孝陵，是前有带 5 个天井的长斜坡墓道的单室土洞室，并没有绘壁画，与北齐帝王陵墓满绘壁画不同。

综上所述，自 20 世纪 50 年代以来对北朝壁画墓的考古发现，已有可能对这一时期墓葬壁画的内容、布局，以及其所反映的问题，进行粗略的初步分析。因此下面分别选取平城时期、北魏洛阳时期、东魏—北齐和西魏—北周时期的壁画墓中，壁画保存情况较好、墓葬纪年和墓内死者身分明确的墓例，简述于下。

（二）北朝墓室壁画

1　北魏平城时期墓室壁画

在大同近郊发掘的北魏平城时期壁画墓，主要墓例有纪年明确的破多罗父母墓和梁拔胡夫妇墓。还有云波里路墓和文瀛路墓，这两座墓的年代可能都在北魏迁都洛阳之前的太和年间。

侍中、主客尚书、领太子少保、平西大将军破多罗氏父母墓，位于大同沙岭村东北，2005 年发掘。墓中漆书铭文纪年为太延元年（公元 435 年），为前设长斜坡墓道的单室砖墓，坐东朝西。墓室四壁及甬道绘有壁画，甬道两侧各绘一全装甲胄持刀、盾的守门武士，武士身后各随一人面兽身的神怪，顶部中绘菱形火焰宝珠，两侧分绘蛇躯交尾的伏羲、女娲像，像侧又绘交龙纹。墓室内东壁（后壁）绘墓主夫妇像，头戴鲜卑帽，坐于厅堂中的床上，前设食具，旁有侍仆。厅堂外绘大树、车马、人物等；南壁中间以曲折的步障分割为左右两幅，右侧绘毡帐和庖厨操作，左侧绘瓦顶建筑，其前是盛大的宴饮场景。北壁绘前设鼓吹，旁列武士、后随骑士的牛车出行，上部分格绘神兽和瑞禽。西壁（前壁）墓门左右两侧各绘一执盾武士。墓室顶部已毁，不知有无壁画。墓内还清理出许多绘有漆画的漆皮残片，其中一片上有漆书铭文，或为葬具残迹，其上，可看清的漆画内容有夫妇坐像、武士、车辆等，线条纤细流畅，艺术水平高于墓内壁画。

　　散骑常侍、选部尚书、安乐子梁拔胡夫妇墓，葬于和平二年（公元461年），位于大同南郊马辛庄以北，2008年发掘。为前设带天井的长斜坡墓道的单室砖墓，坐北朝南。甬道两壁绘镇墓神兽，和平二年的题记书于甬道东侧。墓室四壁满绘壁画。北壁绘鲜卑装墓主正面像，坐于瓦顶厅堂中的榻上，前陈食具，旁立侍者，堂侧绘表演百戏舞乐的场景。东壁绘场面浩大的山林狩猎，西壁绘耕作、庖厨、车库等画面。

　　云波里路墓，位于大同城区云波里路中段，2009年发掘。为带长斜坡墓道的单室砖墓，坐东朝西，墓室顶部已毁。四壁和甬道以红、黑、蓝三色绘壁画，人物服饰具有鲜明的鲜卑民族特色。墓室东壁（后壁）绘墓主夫妇屋宇内的正面坐像，右侧已残，左侧屋宇内绘两位侍者，屋外上栏绘宴饮的宾客，下栏绘伎乐。南壁以“V”字形的河流为界，中央绘山峦之间两人及马匹在树下休憩，左右为山林间的狩猎场面。西壁近墓门处残留一人物的腿和足，边饰绘忍冬纹。甬道南壁残留侍女的衣裙及龙和凤鸟等图像。

　　文瀛路墓，位于大同御东新区文瀛北路，2009年发掘。为带长斜坡墓道的单室砖墓，坐北朝南。墓室内仅保存部分壁画，在东北部券顶保存部分星象图，其下以红彩影作建筑，绘有横枋、斗拱及人字拱。甬道东壁绘

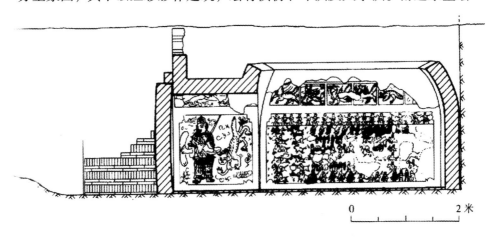

0　　　　　2米

图6-2　山西大同北魏破多罗父母墓北壁壁画示意图

卷发三目长耳、手执兵器的神人。棺床上的绘画还保存较好，北侧棺床立面绘胡人牵驼和执杵托举的力士，棺床前的踏步平面绘莲花，立面绘火焰纹。西侧棺床立面绘火焰纹，还有赤足力士，仅存下身残躯。两棺床间的矮墙立面，绘一戴鲜卑帽的立姿侍者。

平城时期北魏墓的葬具上的图像，主要是石棺椁上的彩画和漆木棺上的彩画。石棺椁上的彩画，主要墓例有太和元年（公元 477 年）宋绍祖墓石椁和智家堡墓石椁，两座石椁外貌都是殿堂建筑式样，在椁内壁绘有彩画。宋绍祖墓石椁内壁东、西、北三面原均有彩画，但保存不佳，仅能看出舞蹈、奏乐等内容。智家堡石椁正壁中央绘墓主夫妇正面坐像及男女侍者，两侧壁绘侍立的男女和羽人，南壁绘鞍马、牛车和树木，封门石板内面绘两侍女，顶部盖板内面绘花卉。木棺漆画保存较完好的如宁夏固原雷祖庙墓漆棺，上绘有东王公、西王母、天象、墓主像和孝子故事等。大同的多座墓葬都有彩绘漆木棺残件，可以看清内容的图像，包括墓主像、庖厨、狩猎、出行等。此外，值得注意的是有关绘画的考古标本，是大同石家寨延兴四年至太和八年（公元 474～484 年）琅琊康王司马金龙夫妇墓出土的漆画木屏风，彩绘内容为列女、孝子等故事，显示出浓郁的南方画风，应与司马金龙为北奔的东晋王族后裔的身分有关。

此外，内蒙古和林格尔榆树梁，曾于 1993 年清理过一座北魏早期壁画墓，据报道壁画题材有狩猎、出行、宴乐、百戏、四神等内容。

2　北魏洛阳时期墓室壁画

北魏洛阳时期的壁画墓例，都只保存有部分壁画，有元怿墓、元乂墓和王温墓。

清河王元怿墓，葬于正光六年（公元 525 年），墓位于洛阳市老城北 2 千米处，1965、1992 年两次调查。在甬道两侧壁残存有壁画，每侧各有二立姿仪卫武士，戴小冠，着外罩两当的袴褶，双手扶仪刀。

江阳王元乂墓，葬于孝昌二年（公元 526 年），墓位于洛阳市北向阳村西南，1974 年调查。为单室穹隆顶砖室墓，甬道壁画已残损不明，墓室壁画亦已残损，仅四壁上栏存四神图像残迹，墓顶绘星象，保存尚好，绘出银河及星辰三百左右。

抚军将军王温墓，葬于普泰二年（即太昌元年，公元 532 年），墓位于洛阳北陈村，1989 年清理，为带有长斜坡墓道的单室土洞墓。墓室东壁保留有壁画，绘出在帷屋内宴饮的场景，两侧绘立于山石树木中的侍女。其余诸壁仅见彩绘残迹。

此外，据说洛阳邙山永安三年（公元 530 年）孝庄帝静陵也发现壁画。

3　东魏墓室壁画

东魏墓室壁画的墓例，可举元祐墓、高长命墓和闾叱地连墓三座。

冀州刺使元祐墓，葬于天平四年（公元 537 年），墓位于河北磁县北朝墓群南部，2006 年发掘。该墓为带长斜坡墓道的单室土洞墓，墓道设天井。过洞口立面上方绘壁画，尚能辨出人字拱结构的建筑图像。甬道入口上方原亦绘壁画，仅残存红彩。墓室内四壁均有壁画，但残损过甚，仅能辨别后壁与两侧壁均影作仿木结构，各设三立柱上托横枋，其上有人字拱。其下正壁绘墓主坐于三足坐榻上，后设七扇屏风；左、右侧壁绘青龙和白虎；前壁墓门两侧原绘人像。墓顶塌落，有无壁画，情况不明。

雍州刺使高长命（？）墓，葬于武定五年（公元 548 年），墓位于河北景县城南野林庄，1973 年发掘。该墓为具有前后两室的砖室墓，墓室壁画已残损不详，仅墓门壁画尚存。门两侧绘身着甲胄的门吏，门券绘火焰，尚存二身人身兽首鸟爪的神兽。

菇菇公主闾叱地连墓，葬于武定八年（公元 550 年），墓位于河北磁县大冢营村北，1978 ~ 1979 年发掘。该墓为带长斜坡墓道的单室砖墓，墓道、甬道及墓室均绘壁画。墓道两壁前端分绘青龙、白虎图像；中段绘执戟、挝的仪卫立像，每壁七人；后端分上下两栏，上栏为奇兽、羽人、怪鸟及流云、忍冬等，下栏绘列戟，每壁六戟，立置于廊屋内"兵阑"之上，兵阑后各有六个持盾坐姿卫士，最后各立一持戟身披套衣的门吏。墓道地面两侧绘花草连续图案。墓门上方绘正面形态的朱雀，下踏莲台。左右各绘一肩生羽翼的怪兽。甬道两侧绘侍吏等立像，多已残损。墓室内顶绘天象，四壁上栏分绘四神图像；下栏后壁（北壁）为墓主人及持盖、扇的侍女；右壁绘一列侍女共十人；左壁绘一列男吏，十人中现存七人；前壁的壁画已残损无迹。

4　西魏墓室壁画

西魏墓室壁画的墓例，有太师开府参军事侯义墓一座。葬于大统十年（公元 544 年），墓位于陕西咸阳胡家沟，1984～1985 年清理。该墓为单室土洞墓，甬道及墓室均绘壁画，但多残损。甬道以黑红两色绘壁画，仅"在两壁靠近墓室处，隐约可见用黑色画的树木和人马"。墓室壁画，仅"墓顶部可见有朱红色星座图残迹"。

5　北齐墓室壁画

北齐墓室壁画的墓例较多，计有崔芬、库狄洛、尧峻、娄叡、徐显秀、□道贵、崔博、高润、颜玉光和湾漳大墓等十座，分别坐落在邺城（四座）、太原（三座）和山东地区（三座）。

崔芬，曾任东魏威烈将军、行台府长史，葬于天保二年（公元 551 年），墓位于山东临朐海浮山南坡，1986 年清理。该墓为带壁龛的单室石墓，前有甬道，惜未发掘墓道。甬道及墓室均绘壁画。甬道两侧石门原线刻手扶仪刀的门吏，但下葬时却在其上重绘彩色壁画，为全装甲胄的赤足武士，一手按楯，一手持刀，背衬山石树木。墓室壁画顶绘天象。四壁的壁画分上下两栏，上栏按方位分绘后立神人的四神图像，在青龙和白虎像前分绘日象和月象，且南壁的朱雀绘在门的西侧。下栏除西壁的壁龛上额绘墓内死者夫妇在婢仆簇拥下出行情景外，均界分成模拟屏风的屏面，

图 6−3　山东青州北齐崔芬墓东壁壁画示意图

北、西两壁各四屏，东壁七屏，南壁墓门东侧二屏，除南壁二屏外，各屏面均绘屏面画，其中东壁自南数第二至五幅、北壁自东数第二至四幅、西壁自北数第一幅，共八幅，各绘坐于树下席上的男像，均宽衣袒胸，姿态悠闲，侧后多立一女侍，并衬以树石。其余屏面，分绘舞蹈、树下骏马或仅绘树木，但南壁墓门西侧两屏空白无画。

库狄洛（字迥洛），定州刺史、太尉公、顺阳王，葬于河清元年（公元 562 年），墓位于山西寿阳贾家庄以西，1973 年发掘。该墓为带长斜坡墓道的单室砖墓，在甬道两壁及墓门发现壁画。甬道两壁各绘侍卫四人。墓门门楣绘侧立回首的朱雀，墓门右扇绘白虎，左扇绘青龙。在墓室西壁，发现一方呈灰白色十字形的图案。

尧峻，骠骑大将军、赵州刺史，葬于天统三年（公元 567 年），墓位于河北磁县东陈村，1974 年发掘。该墓为单室砖墓，仅门墙发现有壁画。

所绘内容是正面姿态的朱雀，双翅向左右伸展。朱雀东侧绘一羽人，西侧对应处已残损，似为一人形怪兽。

娄叡，右丞相、东安王，葬于武平元年（公元 570 年），墓位于山西太原南郊王郭村西南，1979～1981 年发掘。该墓为带有一个天井的长斜坡墓道、甬道的单室砖墓，壁画布满墓道、甬道和墓室壁面。墓道两侧各绘上下三栏壁画，左壁是出行队伍，右壁是归来队伍，绘出大量骑士、马、驼以及乐队。甬道左壁上栏外侧绘怪兽云气，内侧绘莲花卷草，下栏绘门卫五人，右壁内容应与左壁近同，但多已残损。墓门门额中绘兽面，双角间置莲台上托宝珠，两侧各绘一朱雀。石门左扇绘青龙，右扇绘白虎，左右立颊绘卷草、摩尼。墓室顶绘天象，四壁的壁画分上下三栏，上栏绘十二时，现仅存鼠、牛、虎、兔，均为兽形原貌，相间还绘有神兽；中栏绘四神，有仙人像，前有羽人引导，左右壁内隅各绘一敲击连鼓的雷公；下栏后壁绘墓内死者端坐帐中，左壁绘鞍马羽葆，右壁绘牛车扇盖，前壁绘树下侍卫。

徐显秀，司空、武安王，葬于武平二年（公元 571 年），墓位于山西太原迎泽区王家峰村东，2000～2002 年发掘。该墓为带有一个天井的长斜坡墓道、甬道的单室砖墓，壁画布满墓道、甬道和墓室壁面。墓道至过洞两壁，前端各绘二神兽，后端各绘三匹由步行侍卫簇拥的鞍马，其前为步行仪卫，有的执旗，有的肩扛长角。两壁共绘八十六人和六匹鞍马。过洞券门上部绘门楼建筑，但损毁过甚，仅存残迹。甬道口门券石雕带有双角的兽面，两侧各一朱雀。其上拱券左右各绘神兽，其下门两侧各绘一立姿执鞭门吏。两扇石门分上下两栏，下栏分绘青龙、白虎，上栏均绘兽首怪鸟。甬道两壁各绘立姿仪卫四人，多已残损。墓室顶绘天象，北壁绘墓内死者夫妇端坐帐中，二人中间堆满食品，帐两侧侍立仆从伎乐，西壁绘仆从簇拥的鞍马，东壁绘侍仆簇拥的牛车，南壁门两侧绘仪卫，券门上方绘二向下俯冲姿态的神兽。

□道贵，祝阿县令，葬于武平二年（公元 571 年），墓位于山东济南马家庄南，1984 年发掘。该墓为单室石墓，门墙和墓室绘有壁画。门墙绘兽面。墓室顶绘天象；后壁绘墓内死者端坐于九曲屏风前，左右各一立

图 6-4　山西太原北齐徐显秀墓壁画示意图

侍，屏面绘流云图案；东壁绘鞍马伞盖仪卫；西壁绘马车女侍；前壁墓门两侧各绘一拄仪刀的门吏立像。

崔博，徐州长史，葬于武平四年（公元 573 年），墓位于山东淄博窝托村南，1973 年清理。圆形单室石墓，墓门内两侧各绘一武士，腰似佩剑。

高润，左丞相、文昭王，葬于武平七年（公元 576 年），墓位于河北磁县东槐树村，1975 年发掘。该墓为带长斜坡墓道的单室砖墓，墓道、甬道、墓室均绘壁画。墓道壁画仅存莲花、忍冬图案，余均残损。甬道壁画亦已残损。墓室壁画前壁已残损无存；后壁绘死者端坐帐中，帐两侧各有侍从六人，分执伞盖等物；左壁残存有牛（？）车、扇盖；右壁残存侍卫二人，余均残损。

颜玉光，文宣帝妃，葬于武平七年（公元 576 年），墓位于河南安阳清峪村西，1971 年发掘。该墓为单室土洞墓，墓室内绘壁画。壁画保存不好，仅前壁较完整，墓门内左侧为捧物男侍，右侧为拱手女侍；后壁残存一甲骑具装图像，但马已剥落，另有一鹰鸟；右壁残存一抱婴孩妇女及一骑马武士；左壁壁画已全部残损。

湾漳大墓，虽未发现文字资料，但据墓葬规制等推测应为北齐文宣帝高洋的陵墓，墓位于河北磁县湾漳村东，1987～1988 年发掘。该墓为带有

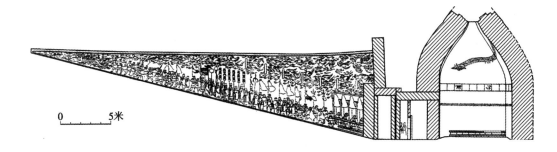

图 6-5　河北磁县北齐湾漳墓壁画示意图

长斜坡墓道、甬道的大型单室砖墓，墓道、甬道和墓室满绘壁画。墓道壁画保存较好，两侧壁前端分绘青龙、白虎，并有凤鸟和神兽；中部上下两栏，上栏绘各种神兽，其间衬以流云、莲花，下栏两侧各绘由五十三人组成的仪仗出行队列，所执仪仗有戟盾、节盖、鼓乐等；后端绘有面阔五间的建筑物。墓道地面中央绘纵列的莲花十四朵，两侧绘缠枝忍冬莲花连续图案。甬道门墙绘正视形象的朱雀，左右各绘一神兽、羽兔，衬以莲花、流云。甬道两壁残存有侍卫形象，顶部残存部分莲花、流云图案。墓室内壁画保存不好，仅能看出墓顶绘天象，有银河和星宿。四壁的壁画分上中下三栏，上栏绘出九个方格，每格内各绘一动物形象；中栏隐约可辨有神兽、朱雀等形象；下栏似以人物图像为主，但残损过甚，难以看清。

　　此外，也有一些北齐纪年墓，原绘有壁画，但残损过甚，只有残迹，如河南安阳洪河屯武平六年（公元 575 年）范粹墓。另有一些北齐壁画墓，壁画保存较好，但缺乏确切纪年和墓内死者姓名身分的确切资料，如山东济南东八里洼壁画墓、山西太原金胜村壁画墓、朔州水泉梁壁画墓、忻州九原岗壁画墓等。也有缺乏纪年的北齐墓绘有壁画，但保存不好，如河北磁县讲武城第 56 号墓等。

　　济南东八里洼墓，为带墓道的单室石墓，1986 年清理。墓室内壁画只北壁保存稍好，绘帷帐下的八曲屏风，只中间四曲屏面绘画，为树下席地坐姿人物，有的还有侍者。东西两侧壁，仅能看出两身侍女图像。

太原金胜村壁画墓，为带墓道的小型单室砖墓，1987年清理。墓室内绘有壁画。墓室穹顶下部分绘四神，东面的青龙和西面的白虎保存较好，上骑有羽人，衬以莲花、流云、飞鸟等，北、南两面壁画多已脱落。墓室四壁，北壁绘帷帐，下设屏风，屏前画三人坐像，左为男性，右二像均女性，帐两侧为树下男女侍从。东壁绘牛车伞盖和侍从。西壁仅存部分侍者足部，南壁的壁画已残损。

朔州水泉梁壁画墓，为带墓道的单室砖墓，2008年发掘。甬道和墓室均绘壁画。甬道两侧壁绘拄仪刀门吏、仪卫及骑行马队，拱顶绘云气。墓室顶部绘天象，其下四方分绘四神，四神以下周绕墓室绘兽形十二时图像。室内北壁（正壁）绘墓主坐帐内床上宴饮，帐两侧分列男、女侍从和伎乐；东壁绘鞍马仪仗；西壁绘牛车出行；南壁门两侧绘持长角鼓吹。

忻州九原岗壁画墓，为带长斜坡墓道的单室砖墓，2014年发掘。墓道两侧壁满绘壁画，保存完好，分为上下四栏，最上栏绘神人神兽，下数栏均绘出猎图像。甬道门上方绘木构建筑门楼。甬道两侧壁及墓室内壁画破坏严重，仅存残迹，但尚能推知甬道侧绘门吏，室内顶绘天象，正壁应为墓主像，左、右两侧壁应绘鞍马、牛车，其上栏绘四神，惜均已不存。

6　北周墓室壁画

陕西与宁夏两省发现的北周壁画墓的墓例，可举宇文猛、李贤、田弘、叱罗协、安伽五座，分别为宁夏三座和陕西两座，其中李贤墓壁画保存较为完好。

宇文猛，大将军、大都督，葬于保定五年（公元565年），墓位于宁夏固原王涝坝村，1993年发掘。该墓为带长斜坡墓道、多天井的单室土洞墓。仅第五天井东壁残存持仪刀武士像一躯。

李贤，柱国大将军、原州刺史、河西公，葬于天和四年（公元569年），墓位于宁夏固原深沟村，1983年发掘。该墓为带长斜坡墓道、多天井的单室土洞墓，墓道至墓室均有壁画。墓道两侧壁绘拄仪刀的侍卫，仅

存两幅。甬道前部即天井两侧壁均绘持环首刀的侍卫。三个过洞上方均绘
门楼，其中第一过洞上方的门楼为二层，另两过洞门楼为单层，均有斗
拱。甬道后部壁画已残，内容不详。墓室四壁均先用红色边框分隔成多
幅，每幅内绘一立姿人物画像。前壁墓门左右各两幅，左为女伎乐，右残
存女像头部；右壁五幅，为执物女侍；左壁五幅，残存一幅为击鼓女伎
乐；后壁六幅，惜均已残损。

田弘，柱国大将军，葬于建德四年（公元575年），墓位于宁夏固
原大堡村，1996年发掘。该墓为带长斜坡墓道、多天井的多室土洞
墓，在甬道、主室、后室和侧室原均绘有壁画，惜多残损，现仅主室
北壁通往后室的门两侧尚存二门吏画像，东壁残存二文官画像，西壁
存数武士像。

叱罗协，骠骑大将军，葬于建德四年（公元575年），墓位于陕西咸
阳北斗乡，1989～1990年发掘。该墓为带长斜坡墓道、多天井的双室土洞

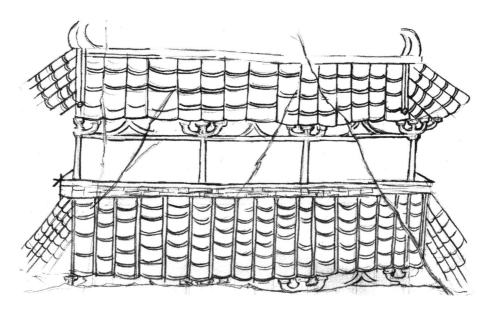

图6-6　宁夏固原北周李贤墓壁画示意图

墓，墓道原绘壁画均已残损，但每个过洞口的顶上所绘门楼，尚有保存。

安伽，大都督、同州萨保，葬于大象元年（公元579年），墓位于陕西西安未央区炕底寨村西北，2000年发掘。该墓为带长斜坡墓道、多天井的单室砖墓，在第三、四天井两壁保存有壁画，在暗红色边框内绘正面站立的武士，头戴兜鍪，身着铠甲，双手扶长刀。第三天井过洞上方还残存有莲花图案。甬道两侧壁画均已脱落。墓门额为贴金绘彩石刻，系二鸟体神人中拥三匹骆驼背负的祆教圣火坛。墓室内壁面因被火熏黑，不知原来是否绘有壁画。

此外，20世纪50年代在陕西咸阳底张湾已发现过北周建德元年（公元572年）墓的壁画，但仅发表过该墓北壁残存的侍从立像。1986～1990年在配合咸阳机场工程先后清理的北周墓中，建德五年（公元576年）王德衡墓、宣政元年（公元578年）独孤藏墓等，原均绘有壁画，但发掘时仅能辨识残迹，内容无法得知。还有陕西华县58H. C. M4，也曾发现有壁画。

（三）　北朝晚期后段墓室壁画的时代特征

通过上述墓例，已能初步勾勒出北朝晚期后段墓室壁画的粗略轮廓。又可将北朝晚期后段墓室壁画分成东魏—北齐和西魏—北周两大系统。

1　东魏—北齐墓室壁画

在东魏—北齐这一系统中，可区别为邺城及其附近地区、晋阳（今太原）与其附近地区及青州（今山东青州）地区等三个地区。

（1）邺城及其附近地区的壁画墓

在邺城为中心的冀南豫北一带，已发现元祜、高长命墓、闾叱地连墓、尧峻墓、高润墓、颜光玉墓和湾漳大墓等墓例，其纪年始于东魏太平四年（公元537年）至北齐武平七年（公元576年）。目前所知死者身分最高的几座都集中在这一地区之中，其中规模最大的属缺乏纪年资料的湾漳大墓,其次是闾叱地连和高润两座墓。墓室壁画有以下特点。

第一,墓道壁画以巨大的龙、虎布置在最前端,青龙和白虎面向墓外,衬以流云、忍冬,有时附有凤鸟和神兽。

第二,墓道两侧中段绘出行仪仗,闾叱地连墓出现廊屋内的列戟,湾漳大墓仅存廊屋。墓道地面绘有莲花、忍冬、花卉等图案,或认为是模拟地毯。

第三,帝王和皇族墓的墓门正上方多绘正面的朱雀,两侧有神兽等图像,闾叱地连、尧峻墓和湾漳大墓保存较好,高长命墓仅残存神兽及火焰。其余的墓也有在墓门上方绘出门楼图像。墓门侧多绘有着甲门吏。

第四,甬道侧壁为侍卫人像。

第五,墓室内壁画,在正壁(后壁)绘墓主像,旁列侍仆仪卫。两侧壁分别绘有牛车和鞍马,并有持物随从的男吏女侍。墓主绘作端坐帐中的传统姿态,如高润墓。室顶绘天象,其下墓壁上栏分方位绘四神图像,闾叱地连墓保存较完整。

(2)晋阳(今太原)及其附近地区的壁画墓

这一地区的壁画墓主身分最高的墓例是娄叡墓和徐显秀墓,库狄洛墓仅门扉上有壁画。此外有忻州诸墓。壁画规制虽基本与邺城地区近似,但也有不同之处。

第一,娄叡墓的墓道两侧各绘三栏壁画,分别为出行和归来队伍。邺城地区未见。徐显秀墓则为出行仪仗。但忻州墓则绘多栏出猎图像。

第二,娄叡墓门上方绘正面兽面,戟状双角。徐显秀墓与之相同,兽面两侧有朱雀。库狄洛墓绘侧身朱雀。均与邺城地区的正面朱雀有区别。忻州墓更绘有门楼。娄叡、库狄洛二墓的石门扉分绘青龙、白虎。徐显秀墓双扉龙虎上又绘兽首怪鸟。但忻州墓绘木结构瓦顶门楼。

第三,娄叡墓甬道门侧绘戴冠着两当挂仪刀门吏,徐显秀墓门吏不着两当手持鞭(?)。

第四，娄叡墓墓室正壁（后壁）绘墓主端坐帐中两侧有侍仆的传统画面，徐显秀墓同时绘出墓主夫人。两侧壁都分绘牛车和鞍马，还有扇盖等仪卫和侍从。墓顶绘天象。娄叡墓天象下四壁上栏绘十二时，中栏绘四神，有仙人像，有羽人引导，并绘连鼓雷公。都与邺城地区壁画有区别。

（3）青州（今山东）地区

山东地区的北齐纪年壁画墓，有崔芬墓和□道贵墓两例，此外还发现过一座缺乏纪年资料的同时期壁画墓，即济南市东八里洼壁画墓。综观上述三座墓例，虽然规模不如前两地区的大型墓葬，墓道亦无壁画，但具有一些较值得注意的地方特点。

第一，墓门上方绘兽面。

第二，甬道或墓门侧绘门吏，崔芬墓门吏戴兜鍪披铠赤足，持刀按盾。□道贵墓门吏手拄系带的仪刀。

第三，墓室内正壁（后壁）均绘有屏风画，崔芬墓和东八里洼墓屏面均绘树下席地而坐的人物，崔芬墓人像侧后还绘女侍。□道贵墓则在屏前绘墓主坐像。两侧壁有出行图像，及鞍马、马车、仪卫、侍从等。墓顶绘天象，四壁上栏绘四神、日、月等图像。

2　西魏—北周墓室壁画

目前西魏墓室壁画的墓例为侯义墓，但残毁过甚。北周墓室壁画保存较完好的墓例，陕西、宁夏均有发现，其中又以李贤墓壁画保存较好，故多以其为例，已可看出与东魏—北齐系统颇有不同之处。

第一，墓道至甬道均绘持仪刀的门吏和仪卫，均正面立像，戴冠着两当，或双手拄环首仪刀，或上举持于肩侧。

第二，天井过洞门上方均绘仿木构门楼。

第三，墓室内各壁先用红色边框分隔，再分绘执物女侍及女伎乐舞。李贤墓室顶已残损，但侯义墓尚可见墓顶天象残画。

（四）有关北朝墓室壁画的几个问题

通过上面对北朝墓室壁画的内容、布局，以及分区分析，可以观察到以下诸点。

1. 北朝时期的墓室壁画，在承袭汉晋传统的基础上，随着社会风尚、习俗及意识形态的变化有了新的变化。壁画主要题材的更新，在北方变革的时间可能迟于南方，约始于北魏孝文帝迁都洛阳前后，至东魏时渐趋成熟，形成规制，但可看出这一变化受到南方影响的痕迹，同时还保留着更多的汉魏遗痕，特别是邺城及其附近地区，墓室内仍是以传统的正壁绘墓内死者像为主的布局，侧壁保持鞍马车骑仪卫图像。

2. 南朝壁画对北方的影响，是值得近一步探讨的课题，以下两点特别值得深入研究：

第一，邓县南朝墓，从墓门两侧到室内壁面，都以手挂仪刀的门吏、仪卫像为主，均衣着袴褶，上罩两当铠，小冠，长须，立像。这座墓的年代，当在公元 6 世纪中叶以前，属南朝前期的墓葬。而在公元 569 年埋葬的北周李贤墓壁画，墓道、甬道两壁均绘执仪刀的门吏、仪卫立像，特征与邓县墓极为近似，而邓县地区在西魏时已由南朝并入西魏版图之中。因此较迟的北周墓中壁画出现与时代较早的邓县墓室壁画相近似的题材和布局，应视为受到南朝墓室壁画影响的产物，因此应考虑在西魏—北周与南方文化交流中，豫南鄂北一带可能是其向南朝学习的重要地区。

第二，山东地区的北齐墓中出现的屏风画，特别是崔芬墓与东八里洼壁画墓中，屏风画的屏面上绘出树下人物图像，人像均褒衣袒胸，姿态悠闲，席地坐树前，构图与人物形貌特征明显仿效南朝竹林七贤和荣启期砖画。特别是崔芬墓壁画树下人物侧后还绘出女侍，更是南齐在东昏侯萧宝卷当政时开始流行的画法。崔芬墓壁画墓主夫妇出行画面，更与传世顾恺之洛神赋图中的形象极为神似。这些表明山东北齐壁画的艺术风格，正仿效南朝，也说明当时山东地区应为南北文化交流中起重要作用的地区之一，而崔芬所属的大族崔氏，族人当时任职于南北朝双方，在南北文化交流，主要是将南方文化传播于北朝方面，应起过重要作用。

3. 北朝晚期墓室壁画的发现，对了解隋唐时期西安地区墓室壁画的渊源，提供了较为明确的答案。北周李贤墓、叱罗协墓等的壁画特点，过洞上所绘门楼及墓室内以侍女和伎乐为主的布局，都为隋唐所承袭。因此在研究隋唐墓壁画渊源时，更要注重关西本地的因素。今后随着西魏—北周墓壁画的新发现，这一问题会更加明朗。

4. 北朝的墓室壁画，为研究南北朝美术史特别是绘画史，提供了极宝贵的资料。北朝的墓室壁画，颇多精彩之作，其中以湾漳大墓和娄叡墓的壁画艺术水平最高，有些研究者认为娄叡墓壁画可能出自北齐某位宫廷画家的手笔，或更推测系出自画史上著名北齐画家杨子华的手笔（《笔谈太原北齐娄叡墓》史树青文："似乎可以推测，其作者很可能就是杨子华"）。这足以表明北朝墓室壁画的发现，多么受到北朝绘画史研究者的重视。但是也应注意，与在殿堂或佛寺作画不同，在画史上从没有知名画家为墓室作壁画的记述，而且墓室壁画又多受流行的粉本所局限，因此北朝墓室壁画的发现，确为研究北朝的绘画艺术提供了重要的实物史料，但并非代表当时绘画的最高水平，只应视为了解当时绘画时代风格的标本。

5. 南北朝时期，中外文化互动频繁，外来宗教特别是佛教盛行。但是墓室壁画的绘制，系遵照中国古代的传统埋葬礼制，与死者信仰佛教等联系不大。北朝的帝王高官虽多虔信佛教，但已发掘的墓葬，其墓葬形制、墓室结构、墓室壁画和随葬遗物，均表明与佛教无甚联系。当然有关的艺术造型，主要是佛教造型艺术，以及祆教艺术，特别是装饰纹样中的莲花、忍冬及联珠纹图案等，也不免会对墓室壁画有所影响。

汉魏南北朝佛教遗迹

（一）佛教初传中国

佛教艺术初传中国的简况。佛教起源于古代印度，相传于公元前 6 至前 5 世纪由北天竺迦毗罗卫国（在今尼泊尔境内）净饭王之子悉达多·乔答摩（Siddhartha Gautama）所创立，佛教徒尊他为“佛陀”（Buddha，意即“觉者”），后亦尊称他为释迦牟尼（Sakyamuni，意即“释迦族的圣人”）。但是佛教初传时，缺乏有关佛陀的造型艺术品，很长时期佛教徒的礼拜对象，是象征性的造型艺术品，如塔、菩提树、佛座、法轮、佛足迹、三宝标等，其中塔象征佛成道，法轮象征佛法或转法轮，三宝标则象征三宝：佛、法、僧。只是到公元 1 世纪或稍后贵霜王朝统治时期，于公元 1 世纪末在犍陀罗地区（今巴基斯坦北部和阿富汗东部）首先出现佛陀造像。接着公元 2 世纪初，在摩菟罗地区（恒河中游西北部）也出现了佛像。此后，佛教造型艺术日渐兴盛。公元 3 世纪中期，贵霜王朝走向衰落，笈多王朝建立，佛教艺术出现了新的高潮，摩菟罗地区的造像也达到了新的高峰，直到公元 5 世纪中叶，那里的佛像艺术仍处于鼎盛时期。

据有关文献记录，约在公元 1 世纪前后，关于佛教的知识和佛教艺术，才由西域的月氏经丝路初传中国内地。这些文献中，以《魏略·西戎传》所记时间最早，认为是西汉哀帝时事，“昔汉哀帝元寿元年（公元前 2 年），博士弟子景庐受大月氏王使伊存口授浮屠经”（见《三国志·魏书·乌丸鲜卑东夷传》裴注引《魏略·西戎传》）。后来《牟子理惑论》又说东汉明帝（公元 58～75 年在位）曾遣使者“于大月支写佛经四十二章，藏在兰台石室第十四间；时于洛阳城西雍门外起佛寺，于其壁画千乘万骑，绕塔三匝……"（《弘明集》卷一）。还说明帝"又于南宫清凉台及开阳城门上作佛像。明帝存时预修造寿陵，陵曰：'显节'，亦于其上作佛图像"。关于汉孝明皇帝遣使求经事，《魏书·释老志》又有较详细的记录。按照上述说法，则汉明帝时佛陀造像艺术已传入中国。但是与印度佛陀造像于公元 1 世纪末才出现的历史时期相对照，就知道公元 1 世纪中叶佛像已传入中国的说法是不可信的。

西来的佛陀形象，开始出现在中国古代艺术品中的时间，应是在公元 2 世纪中叶的东汉桓帝和灵帝在位的时期。在那时的墓葬的壁画、雕刻乃至随葬物品的艺术装饰中，都出现过佛陀的形影。在内蒙古，呼和浩特和林格尔新店子东汉晚期墓的壁画中，绘有榜题为"仙人骑白象"的释迦乘象投胎的画像。在山东，沂南北寨村画像石墓的画像中，有头环项光的佛像。在四川，乐山的麻浩 1 号崖墓和柿子湾 1 号崖墓，都刻有跌坐的佛像，麻浩 1 号墓的佛像刻在前室东壁的门楣石上，头后有圆形项光，身着通肩大衣，右手似作施无畏印，左手握带，衣裾遮足。类似的跌坐佛像，还出现在四川汉代崖墓内随葬的摇钱树的底座或枝干上。摇钱树座的佛像，如彭山江口镇豆芽坊沟 M166 出土的泥质灰陶座，正面是三尊像，中为高髻着通肩大衣的跌坐佛像，衣裾遮足，左右各有立姿供养者。摇钱树干的佛像，如绵阳何家山东汉崖墓出土铜树干，自上而下纵列 5 尊跌坐的佛像。又有人认为江苏连云港孔望山的早期道教摩崖石刻中，也存有佛教造像。同时有关文献中也出现了在皇宫中祠黄老时，也同时祠浮图（浮屠）——佛的记录。见于《后汉书·孝桓帝纪》，延熹九年（公元 166 年）七月曾"祠黄老于濯龙宫"，又说曾"饰芳林而考濯龙之宫，设华盖以祠浮图、老子"。同时，襄楷上桓帝奏议中，也曾提出"又闻宫中立黄老、浮屠之祠"（《后汉书·郎颉襄楷列传》）。"浮屠正号曰佛陀，佛陀与浮图声相近，皆西方言，其来转为二音。华言释之则谓净觉，言灭秽成明，道为圣悟。"（《魏书·释老志》）近人研究认为"浮屠"与"佛"系据不同的外语，前者来源是印度古代俗语，而后者的来源是吐火罗文（季羡林：《浮屠与佛》）。

东汉末将浮图（屠）——佛与老子同祠，表明当时的人们，不论是皇帝还是民众看来，浮图与黄老没有什么不同，只不过是厕身于黄老神仙中的一位外来的神仙而已。而且跌坐的佛像，也选取了大衣遮足的造型，看来与汉代西王母、东王公等神仙的传统跪坐的姿态，没有什么两样，而且坐的佛座也常常改用类似西王母的龙虎座。此后，迟到三国孙吴乃至西晋时，江南有的青瓷器皿上出现了以佛像为装饰的图纹，主要是随葬于墓葬中的谷仓罐（魂瓶），也有的青瓷香薰、罐、钵甚至唾壶上也装饰有佛像，还有以佛像为图纹的铜镜和铜饰等物。这些被装饰于器物上的佛像，还只被人们列入传统熟知的神仙、羽人、神兽图像的行列，但还都不是人们虔信的宗教中顶礼供养的尊像。不能想象虔诚的佛教信众，会将佛像用于随意装饰什物，尤其是在承痰的唾壶贴饰佛像的，还有如武昌莲溪寺孙吴墓中刻有佛像的马鞯带鎏金铜饰。只有在鄂州孙吴墓中曾出过一件两侧各有侍俑的佛坐像。这些只说明，在当时江南地区，佛教并没有成为自帝王乃

图 7 - 1　四川彭山汉崖墓出
土佛像陶摇钱树座

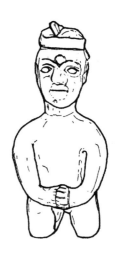

图 7 - 2　湖北武昌孙吴墓出
土带白毫像陶俑

至普通百姓虔信的主要宗教，这正是佛陀东来初始期的实际情况。而中国佛教艺术的真正步入繁荣，还是东晋十六国时朝。

（二）中国石窟寺院的建立和发展

当佛教通过丝路向东传播，进入今日中国国境以后，首先到达今新疆地区。遗憾的是至今在这一地区的考古调查和发掘中，还一直没有发现过佛教初传中国时的寺院佛塔等遗迹。目前所知时代最早的佛教遗迹，是古龟兹地区的石窟寺院，以这一地区规模最大的克孜尔石窟为例，现存洞窟最早在公元4世纪初，推测这处石窟初创的年代或许再早些，但其最盛时期可能在公元4世纪后期到公元5世纪这一时期之间。曾以克孜尔石窟的一些木件和墙皮中的麦秸为放射性碳素测定年代的标本，经北京大学历史系考古教研室实验室测定的数据，第一阶段大约接近于 310±80 年～350±60 年。虽然距佛教初传中国已过了几个世纪，但还是目前所知中国境内时代最早的佛教遗迹，比新疆以东现存最早的石窟至少要早约1个世纪左右。

谈到佛教石窟寺，自然应追溯到古印度的石窟寺，主要分布于西印度马哈拉施特拉邦境内，其中包括为中国人熟知著名的阿旃陀石窟等，可以认为那里是世界石窟寺的摇篮。石窟寺院是供佛教僧徒礼拜或修行的场所。主要由两类洞窟组合而成，一类是内设覆钵塔的礼拜窟，另一类是供僧徒禅修和居住的僧房窟。礼拜窟也可称为塔庙窟，音译为支提，一般是后部设置覆钵塔的礼

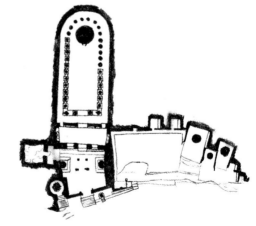

图7-3　古印度塔庙窟（根赫里第2、
3窟连续平面示意图）

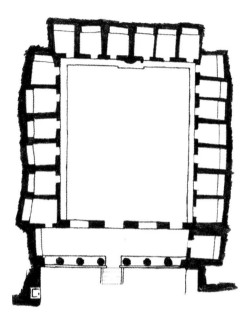

图 7-4　古印度僧房窟（纳西克第 3 窟平面示意图）

拜堂，前厅呈长方形，后壁与两侧设列柱，有的窟顶雕出仿木梁架结构，前壁雕出门拱和明窗。僧房窟音译为毘诃罗，在大窟连有多间可供居住的小室。早期的石窟凿建于公元前 2 世纪后半，即前 150～前 100 年。除了象征佛陀的覆钵塔外，早期石窟中并没有佛陀的造像。后期石窟约在公元 4～5 世纪，礼拜窟中塔上正面已开大龛雕刻佛像，在窟壁和柱间也雕刻或绘画多尊单身佛像或佛三尊像，与塔连成一体的主尊佛像已是主要的礼拜对象。僧房窟也在中厅正中建内有佛三尊像的佛堂，中厅四面是列柱的回廊，然后在左、后、右三面开凿多个供居住修行的方形小室。

　　类似古印度佛教早期石窟形制的石窟，目前在中国境内还没有被发现过，出现了佛陀造像的后期石窟，通过中亚影响到中国新疆地区，现在可以看到的遗迹，就是以克孜尔石窟为代表的龟兹石窟。在新疆地区的古代西域诸国中，龟兹比较强大而且所处地理位置重要，控制着丝路北道中段，早在西汉宣、成、哀帝时已与汉朝有密切的联系，元康元年（公元前 65 年）龟兹王绛宾还到都城长安朝贺，深受汉文化影响（《汉书·西域传》）。以后龟兹一直在西域诸国中较为强盛，物产丰富，而且制铁手工业发达，所产铁器行销西域各地。由于龟兹地当丝路要冲，佛教东传自可能较早传至该地，不过史籍中缺乏关于佛教何时传入龟兹的记载。但是至少在公元 3、4 世纪之际，已有较多的龟兹佛教徒到中国内地译经，表明佛教早已在那里盛行。据《出三藏记集·鸠摩罗什传》记载，公元4世纪中期"时龟兹僧众一万余人"，亦证当地佛教之盛。又据《高僧传》中记昙摩密多、法朗等在龟兹所见，表明公元5世纪初到5世纪中期龟兹王礼僧情况，亦足见当地佛教之兴盛。在这样的时代背景下，公元4世纪后期到5世纪掀起了克孜尔石窟兴建的高潮。

　　大约到公元4世纪初，佛教在中国传播的势头日渐加强，在玉门关内的丝路沿线，开始出现凿窟造像的热潮，这与当时进入中原建立政权的古代少数民族关系密切。西晋王朝覆亡后，一些原居住在北方或西北的古代民族，如匈奴、鲜卑、羯、氐、羌等，纷纷入主中原，一时间古代中国的政治地图，不断改变颜色，在北半个中国，各地先后建立的政权达十余个之多，故史称"十六国"。在这一时期，战乱频繁，社会动荡，民族矛盾激化，民众流离迁徙，社会经济凋敝，因此广大民众强烈企望平安幸福，正为宗教的传播提供了土壤。同时，汉民族一统天下的局面被打破，过去被视为戎狄也就是"胡"的民族纷纷建立政权，升为统治民族，他们的民族习俗得以扩散，传统的汉魏礼仪制度受到冲击，也使得域外传来的宗教——佛教，摆脱中国传统礼俗的羁绊，佛陀不再像在汉代时只被视为附庸于黄老神仙的胡神，从而为佛教的传播开辟了广阔的道路。特别是一些少数民族出身的帝王，囿于民族习俗等原因，多是虔信佛教，由于他们的倡导，更促成佛教的空前兴盛。突出的事例是后赵石虎称帝时，中书著作郎王度曾上奏指斥"佛出西域，外国之神，功不施民，非天子诸华所应祠奉"。主张"华戎制异，人神流别。外不同内，飨祭殊礼，华夏服祀，不宜杂错"。力主禁绝佛教，不准民众诣寺烧香礼拜，为僧者还俗。但是他忘记当时的天子石虎本非华人而是戎人，所以遭到石虎的斥责，下书说："度议云：佛是外国之神，非天子诸华所可宜奉。朕生自边壤，忝当期运，君临诸夏。至于飨祀，应兼从本俗，佛是戎神，正所应奉。天制由上行，永世作则，苟事无亏，何拘前代。"（《高僧传·神异上·晋邺中竺佛图澄》）从此赵地佛教更加盛行。也正是这一时期，河西走廊掀起了第一次开窟造像的高潮。

　　第一次开窟造像的高潮，出现于河西地区。目前所知凿建年代最早的是凉州石窟，是临松卢水胡人沮渠蒙逊在凉州建立北凉后，在凉州南百里山中开窟造像，出现了目前所知河西地区最早的石窟——凉州石窟，即今甘肃武威的天梯山石窟。由鲜卑族乞伏国仁建立的西秦的领域内，也有开窟造像，在甘肃永靖炳灵寺石窟的 169 窟中，保存有西秦建弘元年（公元 420 年）的题记，这是目前所知有明确纪年的最早的石窟。据记载，前秦建元二年（公元 366 年）沙门乐僔已在敦煌鸣沙山创凿石窟（见武周圣历元年，公元 698 年《李君莫高窟佛龛碑》），但今敦煌莫高窟已无法看到那些早期遗迹了。

　　到了公元 5 世纪中叶，掀起了另一次开窟造像的高潮，而凿建石窟的重心已由河西地区东移到中原腹地。这次开窟造像的高潮，开始于北魏文成帝和平初沙门统昙曜主持在都城平城西武州塞开凿的 5 座石窟，"昙曜白帝，于京城西武州塞，凿山石壁，开窟五所，镌建佛像各一。高者七十尺，次六十尺，雕饰奇伟，冠于一世"（《魏书·释老志》），习称"昙曜五窟"，以后续有凿建，是为著名的云冈石窟。云冈石窟的修建，一直延续到孝文帝太和年间。当北魏迁都洛阳以后，皇室的开窟造像活动也随之传移到都城洛阳城南的伊阙山，自景明初至永平中先后为孝文帝等开窟三所，即今龙门石窟的宾阳三洞。同时，北魏的贵胄高官也纷纷在龙门凿窟开龛，直到北魏分裂，龙门的石窟凿建方告中断。在公元 6 世纪初，北魏的皇室贵族还在西距洛阳约 52 千米的大力山南麓修凿了巩县石窟寺。当北魏分裂以后，东魏将都城自洛阳迁至邺城，后来北齐取代东魏，仍都邺城，于是皇室贵胄营建石窟的场所随之迁往响堂山，目前那里存在有北响堂、南响堂和水浴寺 3 处石窟。又由于当时北齐统治者高氏兴起于晋阳，所以也在晋阳附近兴建石窟，主要有天龙山石窟，以及童子寺和西山的摩崖大像。还有一些小石窟散布在自邺城至晋阳的道路沿线。在西部的西魏—北周控制的地区，原存于河西地区的重要石窟，如敦煌莫高窟、天水麦积山石窟，这时期都继续进行凿建。特别在原州（今宁夏固原）的须弥山，大规模凿窟造像。在北朝大肆修造石窟的影响下，江南也有石窟寺凿建之举，主要是都城建康东北的栖霞山石窟，大约凿建于齐、梁时期。还在浙江新昌石城山有梁时凿建的倚坐大佛。此外，在北魏晚期，川北的广元也开始开窟造像，千佛崖和皇泽寺石窟都开创于这一时期。

综观中国石窟寺院的建立和发展，可以大略看出其发展的规律和特点。

首先，中国石窟寺院的创建，是与佛教东传的途径相一致的，最早出现在丝路进入中国后的西端，以后进入玉门关，沿河西走廊向东延伸。进入北方和中原地区以后，先是在国都附近，然后其影响又由此向各地辐射，这又与佛教的中国化的历程相适应。

其次，开创石窟的地点选择，除需有适合开窟的山岩外，还要有水源及方便的交通环境，并依傍于全国的政治经济中心或地区性的政治经济中心。

第三，早期的石窟功德主以帝王和贵族高官为主，以后逐渐向下层人士扩展，这又与中国佛教日益世俗化的过程紧密联系。

（三）以彩塑和壁画为主要艺术形式的石窟寺

从新疆到河西地区的石窟，均以彩塑和壁画为主要艺术形式。其中开凿时间最早的克孜尔石窟，位于今新疆库车县与拜城之间克孜尔镇的南侧，开凿在木扎提河畔明屋达格南麓峭壁上，被苏格特沟分割成谷西、谷内、谷东几部分。但是这里的岩石并不适于精细雕刻，所以无法如印度石窟原型进行凿建，只得因地制宜，在开凿出洞窟后，采取在窟室内以泥塑的佛像取代石雕的方法，塑制供礼拜的佛像，并在壁面绘制彩色壁画。

在克孜尔石窟，相当于公元 4 世纪的早期洞窟主要有礼拜窟和僧房窟。礼拜窟主要有两种形式，一种是"中心柱窟"，应是由原来印度的塔前开龛造佛像的后期塔庙窟演变而来，将覆钵形塔改成从地面直连窟顶的方形塔柱，也在前壁开龛，龛内塑造佛像，供信徒环绕礼拜。有的将柱后的甬道扩大成为后室，或在后室设台塑造佛涅槃像。另一种是更具龟兹本地石窟特色的"大像窟"，这类洞窟的主室高大而宽敞，在正壁前的像台上，塑出一尊高大的立姿佛像，大像的高度一般都超过 5 米，有的更超过

10米，两侧壁前也设置塑像。大像窟也有的有后室，其中也塑有横卧的涅槃像。由于当时龟兹盛行小乘佛教，所以供养的均为释迦牟尼造像，而壁面所绘壁画的内容，也都是表现释迦牟尼前身的本生故事，以及释迦降生、修行、教化等佛传和因缘故事，有的是展开的横卷构图，有的以菱格山峦为背景，每一菱格内绘一个独立的故事画面。只有窟内券顶中脊，纵绘表示天空的日神、风神、立佛、金翅鸟、月象等图像。壁画的绘制技法独特，采用当地流行的晕染法，具有明显的凹凸效果。僧房窟因为是供僧人生活起居而凿建的，因此以设禅床的居室为主，室侧有甬道以连接出入的通道，居室多为券顶，前壁开有采光的明窗，室内设取暖的灶坑，有的还附有储物的小室。这些僧房为遵守僧人戒律规定，所以壁面平素，不绘壁画，最多也只是加饰些简单的彩色线条而已。除了礼拜窟和僧房窟外，还有一些平面呈方形或长方形的洞窟，前壁开门并设有明窗，有的窟内设龛造像和绘有壁画，这种洞窟的用途还难于完全确定，但其中应有一些可能用于僧人传戒、说法，作为讲堂。观察克孜尔石窟各类洞窟分布的情况，可以看出往往在一个礼拜窟近旁有一个或多个僧房窟，或再有讲堂，合成一处石窟组群，推想当年应是一处石窟寺院。龟兹地区的佛教信仰，延续的时期很长，所以克孜尔石窟的修建、使用一直延续到隋唐时期。同时那里的佛教信仰，又由小乘佛教转成大乘佛教，也对石窟的造型和内容有所影响。据现存石窟观察，大约在公元8世纪初、中期，那里的部分洞窟已经荒废了。但克孜尔石窟最终被毁坏，则是伊斯兰教的势力进入新疆地区以后，洞窟中的塑像几被毁除殆尽，只有壁面上的壁画还残存较多。例如所有大像窟中的大像早已无存，今天只能由尚存的像座和后壁残留的大像痕迹，去推测复原当年窟内大像宏伟庄严的仪容了。同时，分布在龟兹地区的早期石窟，除克孜尔石窟外，还有比克孜尔石窟开凿时代稍晚，位于木札提河东岸的库木吐喇石窟。以及库车东北库鲁克达格山口的森木塞姆石窟、库车西北的克孜尔尕哈石窟、拜城东的台台尔石窟，等等。反映出当时龟兹地区佛教繁荣的情景。这几处石窟中的早期洞窟，具

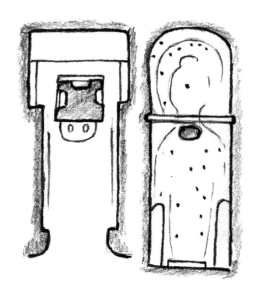

图 7-5　新疆克孜尔石窟大像窟
（第 47 窟）平、剖面示意图

有与克孜尔石窟中的早期石窟共同的特点。例如克孜尔尕哈石窟，现存的洞窟大致可以分为 5 组，各组中都包含有礼拜窟、僧房窟和讲堂窟，其中的第 23 窟中原塑有高达 10 余米的大佛立像，是很典型的大佛窟，显露出这里是受克孜尔影响下建造的石窟寺院。

从地理位置看，以克孜尔为代表的早期龟兹石窟，正处在佛教和佛教艺术从陆路进入中国境内传播路线的西端，是佛教东渐的关键地点。如前所述，克孜尔早期石窟凿建的时间，早于目前所知新疆以东诸石窟约 1 个世纪，经过如此漫长的时间，其向正东之影响应在意料之中。河西地区各石窟多采用彩塑与壁画为主的艺术形式，以及设置中心柱的窟型，显然汲取了克孜尔的经验。最值得注意的是具有龟兹特色的大像窟中所塑高大的立佛像，现存于新疆以东的石窟中的大立佛像，最早的只是北魏时的作品，晚于克孜尔百年。龟兹地区以西，中国境外葱岭以西的大型立佛，以近年被毁的巴米扬东、西两大佛最著名，一般推测建造于公元 4～6 世纪之间，如在公元 4 世纪，则或与克孜尔早期遗迹约略同时；如迟至公元 5～6 世纪，就迟于克孜尔早期遗迹了。可见龟兹大佛窟对其东、西佛教石窟影响之深远。

克孜尔石窟创建以后约 1 个世纪，在十六国时期，河西走廊才出现开窟造像的热潮，最早的是北凉沮渠蒙逊开创的凉州石窟，他在凉州南百里山中"就而斲窟，安设尊仪，或石或塑，千变万化。有礼敬者惊眩心目"

（道宣：《集神州三宝感通录》卷中）。还曾为其母造丈六石像于山寺（《高僧传·译经中·晋河西昙无谶传》）。即今武威天梯山石窟。义熙八年（公元 412 年）沮渠蒙逊迁姑藏（即今武威）称河西王改元玄始，在位 33 年后，死于义和三年（刘宋元嘉十年，公元 433 年），凉州石窟应即凿建于这一时期。但隋以后的大地震使石窟损毁严重，北凉所造大像已不存，仅残存 19 座洞窟，其中保留有 3 座早期的塔庙窟（1、4、18 窟），窟中的中心柱造型具有特色，是两层或三层上大下小的塔式中心柱，每层各面开有 3～5 个圆拱尖楣龛，

图 7－6　甘肃武威天梯山石窟（凉州石窟）第 1 窟平、剖面示意图

内有石胎泥塑像。前室有横长的仿木式人字披顶。另外在有的窟内后壁尚存石胎泥塑大型立佛的残迹，表明原来应为大像窟。塔庙窟和大像窟的形制、以彩塑和壁画为主要艺术形式，以及残存壁画的绘画风格，都明显表现出受古龟兹地区石窟寺的影响。另一方面也可看到塔式中心柱、人字披顶等结构，都为以后河西地区的石窟所承袭，如年代略晚于它的金塔寺和马蹄寺，以及敦煌莫高窟的早期塔庙窟，影响深远。

炳灵寺石窟的第 169 窟，是早期石窟中很特殊的例子，它不是人工开凿的，而是利用了自然的大型洞穴，从西秦到北魏，在左、右、后三壁，陆续塑像（泥塑或是石胎泥塑）和绘制壁画，目前尚存 71 尊造像，以及

壁画。西秦建弘元年墨铭在第 6 龛，龛内为无量寿佛坐像，胁侍为观世音和大势至菩萨立像。面相浑圆，双肩宽厚，体态雄壮。衣褶稠叠，衣纹贴体，下垂感强，或认为近于印度秣陀罗造像的特征。

　　北魏以后，直到唐宋，河西地区的石窟艺术更多是受当时政治中心的影响，而最具代表性的石窟是敦煌莫高窟。虽然据碑记莫高窟始建于前秦，但目前保留下来的已是北朝时期的洞窟（关于现存敦煌莫高窟的早期洞窟的时代，在 20 世纪 50 年代学者已定为北魏时期，参看宿白：《参观敦煌莫高窟第 285 号窟札记》，《中国石窟寺研究》206 ～ 213 页。后来有人将其中第 268、272、275 窟定为北凉时期，见樊锦诗、马世长、关友惠：《敦煌莫高窟北朝洞窟的分期》，《敦煌研究文集》365 ～ 383 页，甘肃人民出版社，1982 年。但学者认为以上新说，"在目前没有发现更多的新资料的情况下，是值得商榷的"。参看宿白：《莫高窟现存早期洞窟的年代问题》，《中国石窟寺研究》270 ～ 278 页）。莫高窟北朝窟的中心塔柱和前室

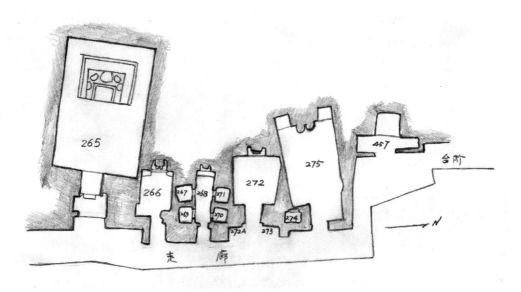

图 7 - 7　甘肃敦煌莫高窟早期石窟平面示意图

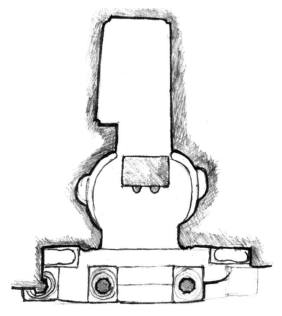

图 7-8　甘肃天水麦积山第 43 窟（西魏乙弗后寂陵）平面示意图

人字披顶，明显承袭着天梯山凉州石窟的传统。同时，还有两侧壁有多个小室的禅窟。佛像面容由北魏时的浑圆到西魏时的过分瘦削，再到北周的重显圆润，服饰也由袒右或通肩袈裟转为褒衣博带的式样。佛像造型的这些变化，反映出西陲的敦煌所接受当时各朝以都城为中心的艺术影响，而且略显滞后。这一阶段的壁画内容主要以佛传、本生和因缘故事为主，色调较显沉重，底色由北魏时多用土红色，到西魏以后转为白色，主要用青绿、赭、白等色绘画。

麦积山石窟也是主要以彩塑和壁画为主要艺术形式的石窟，现存窟龛兴建的年代比敦煌莫高窟略迟，但那里的西魏和北周的洞窟颇有特色。值得注意的有第 43 窟，为西魏大统六年（公元 540 年）文帝元宝炬为乙弗后所凿之瘗窟，因蠕蠕大军迫进，西魏文帝被迫命后自尽，"凿麦积崖为龛而葬，……后号寂陵"（《北史·后妃传·（西魏）文帝文皇后乙弗氏传》）。还有第 168 窟，为北周大都督李允信所修建，是面阔 7 间并凿有前廊的仿木构建筑的宏大殿堂，其规模为莫高窟同时代的洞窟所难与比拟。同时，麦积山石窟的北朝彩塑，也较莫高窟的同时期作品，塑制较精致，形貌更传神，具有较高的艺术欣赏价值。

在考察以彩塑和壁画为主要艺术形式的石窟时，还应注意原构建于窟前的建筑遗存。北魏以降，随着佛教日趋中国化，寺庙内佛殿的建筑形式及结构，都仿效当时的殿堂规制，而石窟的外貌也同样模拟寺庙的佛殿。在敦煌莫高窟，早期的窟前建筑已无存。在麦积山石窟，则保留有北朝的窟前石雕仿木建筑佛殿外貌，共有9座，其中2座外部雕作廊形，以前述第168窟规模最大。西魏文帝乙弗后瘗窟（43窟）外壁也雕有佛殿外貌，在柱头栌斗之上的一斗三升斗栱，将斗都刻成由仰莲座承托的宝珠形状，栱则雕成卷云状的花茎，显得华丽异常，或许与该窟系由皇室所修建有关。这些窟前雕出的已经中国化的佛殿形貌，对研究北朝木构佛殿建筑和石窟演变的历史，都具有重要意义。

（四）以石雕为主要艺术形式的石窟寺

北魏和平初年，由沙门统昙曜主持，为北魏皇室在都城平城西武州塞凿窟造像5所，这里的石质虽为砂岩，但适于雕刻，所以不再如新疆到河西的石窟以彩塑和壁画为主，改为以圆雕和浮雕为主要艺术形式，开启了在中原北方修建石窟寺院的高潮。这著名的昙曜五窟，就是云冈石窟居中的第16～20窟，各窟的平面扁椭圆形、穹隆形顶，被认为是模拟草庐的形貌。多在窟内雕造三佛，正壁主像形体巨大，高13.8～16.5米，两侧雕像形体较小，更显主像高大雄伟。除第17窟主像为未来佛弥勒菩萨，其余主像均为释迦。或认为与兴光元年在平城五级大寺为太祖以下五帝铸释迦像一样，也是为太祖以下五帝所造。虽然云冈石窟的开凿受到自克孜尔

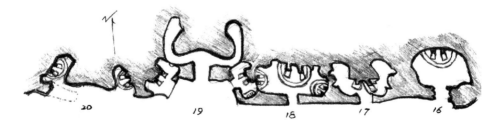

图7-9 山西大同云冈石窟昙曜五窟（第16～20窟）平面示意图

石窟到凉州石窟的影响，特别是石窟艺术的"凉州模式"直接影响。因为昙曜本系来自凉州的禅僧，且太武帝灭北凉后，将凉州国人，包括僧人、工匠迁至平城，所以从云冈开窟的工艺方面也应深受凉州影响。"太延中，凉州平，徙其国人于京邑，沙门佛事皆俱东，象教弥曾矣。"（《魏书·释老志》）但是石雕艺术比泥塑更贴近古印度佛陀造像的原貌，昙曜五窟中佛像的服饰及雕刻手法，诸如 20 窟主尊的服饰和衣纹明显接近犍陀罗造像的样式。又如 18 窟主尊服饰又显单薄贴体，衣纹更接近秣陀罗造像的样式。佛像的面容形貌，有人认为有仿效拓跋族甚至是北魏帝王形貌的可能。但草庐形貌的窟形，却在南亚、中亚到中国新疆、甘肃地区皆无先例。所以昙曜五窟的新样式，"应是 5 世纪中期平城僧俗工匠在云冈创造出的新模式"，可称之为"云冈模式"的开始（宿白：《平城实力的集聚和"云冈模式"的形成与发展》）。随后云冈的石窟外貌出现了新变化，草庐形貌的窟形变成了模拟中国木构建筑前廊的形貌，室内有中心塔柱和平棊式窟顶，而且多是成组出现的并列双窟（1、2 窟，5、6 窟，7、8 窟，9、10 窟）和三窟（11、12、13 窟），这时已进入孝文帝当政的前期，直到迁都洛阳前，约当公元 471~494 年。除皇室外，官吏和上层僧尼也参与开凿石窟，最典型的实例是文明太后宠阉钳耳庆时于太和八年（公元 484 年）建、太和十三年（公元 489 年）工毕的第 9、10 窟，其为"国祈福之所建"，应即为二圣——冯太后与孝文帝所造，故为双窟。完工于太和十八年（公元

图 7-10　北魏石窟造像举例

（1956 年为阎述祖先生

《石窟寺艺术》所绘插图）

1. 龙门莲花洞飞天　2. 云冈第 6 窟立佛
3. 云冈第 6 窟菩萨

图 7-11　北朝石窟寺造像举例（1956 年为
阎述祖先生《石窟寺艺术》所绘插图）

1. 敦煌第 282 窟飞天　2. 云冈第 38 窟飞天

3. 云冈第 20 窟坐佛　4. 龙门魏字洞菩萨

494 年）迁洛以前的第 6 窟，最能展示出这一阶段石窟艺术精致而华美的场景。佛像的服饰宽博飘垂，一般认为具有汉式袍服"褒衣博带"之情趣。十分明显，这时石窟艺术中国化进程的加速是与政治上的汉化紧密联系在一起的。当北魏的政治中心迁离平城以后，随着皇室和显贵的离去，热闹了 30 余年的云冈石窟大规模凿建工程渐趋沉寂，已经开凿的第 5 窟和云冈最大的第 3 窟因而中辍，但是直到孝昌初年因六镇起义平城荒废为止，云冈还有小规模的开窟活动，而且还有些领先于洛京的新创举，例如三壁设坛形成三壁三龛的佛像组合，仍滥觞于云冈，以后才流行于中原石窟。

随着北魏的都城迁至洛阳，皇室官吏又在新的政治中心附近选择适于开窟造像的地点，所选中的就是城南的伊阙，先是在太和十七年（公元 493 年）开始，已有官员显贵利用伊水西山的天然洞穴凿龛造像，即今龙门石窟的古阳洞。以后到宣武帝景明初，开始营建皇家石窟。"景明初，世宗诏大长秋卿白整准代京灵岩寺石窟，于洛南伊阙山，为高祖、文昭皇太后营石窟二所。初建之始，窟顶去地三百一十尺。至正始二年中，始出斩山二十三丈。至大长秋王质，谓斩山太高，费功难就，奏求下移就平，去地一百尺，南北一百四十尺。永平中，中尹刘腾奏为世宗复造石窟一，凡为三所。从景明元年（公元 500 年）至正光四年（公元 523 年）六月以前，用功八十万二千三百六十六。"（《魏书·释老志》）这石窟三所，即

图 7 - 12　河南洛阳龙门石窟宾阳中洞造像展开示意图
（1958 年为刘慧达《北魏石窟中的"三佛"》所绘插图四）

今龙门石窟的宾阳三洞，但是只有宾阳中洞雕造完工。所以宾阳中洞是龙门石窟中皇室凿建的石窟的典型代表，这座石窟的雕建，一方面承继着云冈模式，另一方面也显露着迁洛以后出现的艺术新风。宾阳中洞依旧是扁椭圆形平面，窟内圆雕三佛，正壁主尊坐像，两旁侍立二弟子二菩萨，左右侧壁各一立佛二菩萨。三佛服饰宽博，面容丰腴适度，弯眉直鼻，嘴角微翘，似含笑意。室内穹顶中心雕巨大的重瓣覆莲，供养飞天环绕莲花凌空飞舞，有极强的韵律感。前壁满布浮雕，自上而下分栏雕刻，分别为文殊、维摩对坐说法、萨垂太子本生和帝后礼佛图，在礼佛的宏大行列中，帝王侍臣的服饰均已是孝文改制后的服制，从构图、技法均可看到江南画艺新风的影响。又由于龙门地区石质优于云冈，所以那里的雕刻更为精细，因此艺术造型更生动感人，一些小型龛像，雕刻更加精细。除了皇家的洞窟外，显贵高官等修造的石窟，多是云冈已出现的三壁三龛或三壁设坛的窟形，胡太后舅父皇甫度所开凿的皇甫公窟可为典型代表，还有魏字洞、普泰洞等。此外，正光、孝昌年间，在龙门还大量雕造了小型窟和小龛。到孝昌以后，北魏王朝日趋衰微，龙门石窟的营造随之日渐衰落，到北魏分裂，东魏迁邺，龙门石窟的营造遂告中断。

在北魏洛阳近旁，除龙门石窟外，周围还散布有多座中小型石窟，与龙门石窟组合在一起，可以更全面地显现出北魏迁洛以后石窟寺艺术的全貌。目前所知有巩县大力山石窟、渑池鸿庆寺石窟、偃师水泉石窟、新安西沃石窟、孟县莲花洞石窟、孟津谢庄石窟、蒿县铺沟石窟、宜阳虎头寺石窟等处。其中规模较大的属巩县大力山石窟，这里的石窟以具有中心塔柱的窟形为主，又以前壁浮雕的多栏礼佛图最受人注意。关于巩县石窟凿建的时间和造像主，中外学者有不同意见，但都认为迟于龙门石窟。由于佛像的面相已由秀骨清像转向丰腴适度，开启了流行于东魏北齐时的新样式。

东魏迁都至邺以后，石窟的凿建暂归沉寂，到北齐时才又出现了凿建石窟的新势头，主要表现在响堂山和天龙山两处石窟的营建，特别是响堂

图 7 - 13　河北邯郸北响堂山石窟全景
（1957 年宿季庚先生指导勘测响堂山石窟时速写）

山石窟更显示出与前不同的时代特色。巨大的洞窟外貌雕造成带有前廊的覆钵顶佛塔的形貌，令人惋惜的是在民国初年遭到大规模的盗凿，几乎所有的佛头均已缺失，从仅存的残躯仍可看到北齐造像已脱开北魏时的旧样式。连边饰的缠枝忍冬纹，都由清瘦转为丰腴宽肥。晋阳以西的天龙山石窟中的北齐洞窟，也在洞室前雕凿仿木结构的前廊，窟内亦三壁开龛造像，造型风格与响堂山造像显示的时代风格相同。北齐石窟从窟形到造型风格的这些变化，通常认为是与当时社会风习的再次"胡化"相关联。谈到北齐的石窟，还要特别注意晋阳郊区的两处摩崖大佛，西山大佛位

图 7 - 14　河北邯郸北响堂山石窟南洞菩萨（1957 年速写）

于太原市西南蒙山的"大肚崖"，始凿于天保末年（公元 559 年），竣工于后主天统五年（公元 569 年），现像头已失，坐躯残高 37 米。据唐人撰述，西山大佛高二百尺，约合 59 米；童子寺大佛高一百七十尺，约合 50 米，胁侍的观世音和大势至菩萨高十二丈，约合 35 米。则西山大佛的高度超过高 55 米

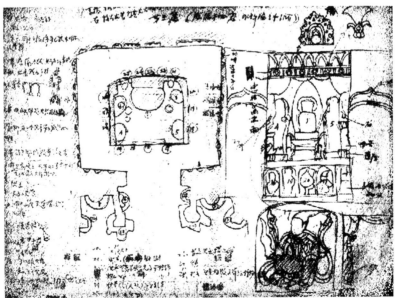

图 7 - 15　河北邯郸北响堂山石窟中洞调查草图
（1957 年宿季庚先生指导勘测响堂山石窟时速写）

的阿富汗巴米扬西大佛，胁侍菩萨的高度也与高 35 米的巴米扬东大佛等高。当年西山大佛"一夜燃油万盆，光照宫内"（《北史·齐本纪下·后主纪》）。童子寺大佛位于太原市西南龙山北峰，无量寿佛像崩塌严重，但其右侧大势至菩萨尚残存头至腹部，残高 15.6 米，仅头部即高 6.6 米，可见原像之宏伟。北齐为北周灭亡后，中原北方开凿造像之举暂告中断。

北魏分裂后，西去长安的西魏——北周，没有在都城附近创凿石窟之举，只是在其领有的河西走廊一带，除于已存石窟继有营建外，仅在宁夏固原的须弥山石窟，营建过较大规模的石窟。那里现存的西魏、北周石窟，窟形多是中心柱窟，也有三壁三龛的窟形。有的室内雕刻成佛帐结构，具有当地特色。但是这里的几处大型洞窟并未完工，工程所以突然中断，一般认为与周武帝灭法有关。

北周武帝灭佛，最后终结了自北魏和平年间开始的中原北方以石雕为主要艺术形式的开窟造像的高潮。

与中原北方、河西及西南地区开窟造像的热闹情景不同，江南地区则相对寂静，究其原因，应与当时佛教在南方和北方的不同特点有关。南朝时期的石窟仅有南京附近的栖霞山一处，可惜在民国初年被寺僧用水泥涂抹，面目全非。到上世纪 90 年代，部分造像的原貌被揭露出来，才使人们初识南朝石窟的庐山真面目。目前对这处创建于刘宋、盛于萧齐的著名石窟的勘察研究正在进行中。此外，就是在浙江新昌石城山，竣工于梁天监十五年（公元 516 年）的倚坐弥勒大像（宿白：《南朝龛像遗迹初探》），惜已遭后代改变坐式，大肆贴泥涂饰，难窥原貌。现坐像高 13.23 米、佛座高 2.4 米。当时南北竞相修凿倚山摩崖大像，互有影响，恐系佛徒一时时尚之举。

（五）佛寺遗址的发掘

对中国古代佛寺遗址的考古发掘，主要收获是北朝时期佛寺遗迹的揭露，有洛阳北魏永宁寺的发掘和东魏北齐邺城佛塔遗址的发掘。

北魏迁都洛阳以后，于孝明帝熙平元年（公元516年）由灵太后胡氏主持修建皇家大寺永宁寺，神龟二年（公元519年）九级木塔已建成，塔内塑像应完成于正光元年（公元520年）七月以前。神龟二年（公元519年）八月，崔光曾上表谏阻胡太后登九层佛图，可知木塔营建已竣工，但表文称"今虽容像未建，已为神明之宅"，又可知塔内尚未设佛像。见《魏书·崔光传》。又胡太后被幽禁于正光元年（公元520年）七月，故推测塔内塑像应在此前已完成。永宁寺坐落

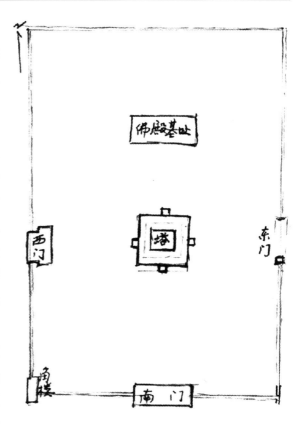

图7-16　河南洛阳北魏洛阳永宁寺
遗址平面示意图

在洛阳城内宫城以南御道西侧，据《洛阳伽蓝记》所记，永宁寺建有木构九层高塔，塔后有可比拟皇宫中太极殿的佛殿，殿内"中有丈八金像一躯，中长金像十躯，绣珠像三躯，金织成像五躯，玉像二躯。做工奇巧，冠于当世"。四周筑院墙，四面各开一门。另有僧房楼观一千余间。北魏永熙三年（公元534年）永宁寺木塔遭火灾毁废，在地面上保留有高大的土丘遗址。20世纪70年代对永宁寺开展考古勘探发掘工作，现知永宁寺院墙以土夯筑，平面呈长方形，南北长301米、东西长212米，墙体宽约1.5米。外表施白灰墙皮，上涂朱色。推测原来寺院四角可能有角楼一类

建筑。院墙四面均有门，但北门因修铁路等工程已破坏无迹可寻。南门为永宁寺正门，筑于南壁中央处，为面阔七间、进深二间的宏大建筑。进入南门，在中轴线上为前塔后殿的布局。南门北距木塔塔基 92 米。木塔的塔基大致保存完好，为由地下至地面的多层的巨大夯土台基，地基夯土面与寺院地面大致取平，东西长 101.2 米、南北长 97.8 米，深入地下厚度超过 2.5 米。地基中心部位为正方形夯土基座，四周包砌青石，每边总长38.2 米，座高 2.2 米。基座四面居中各开宽约 4.5 米的斜坡慢道，表面原铺砌有青石板。台基之上保存分五圈排列的方形柱础，总计 124 个。在自外数第二圈柱础内，用土坯垒砌实心方柱体。方柱体的南面（正面）和东、西两侧各开 5 座弧形佛龛，北面不设龛，或许原设登塔木梯。木塔北约 60 米，建有佛殿，已遭严重破坏，仅能测知夯土殿基东西长 54 米、南北长 25 米。永宁寺院墙东、西两门，规模小于南门，均开于院墙偏南处，正对木塔塔基东、西两侧的慢道。东门遗址破坏严重，仅能测知位置。西门基址平面呈凸字形，东西长 18.2 米、南北长 24～30 米，东距塔基 72米。表明永宁寺是以佛塔为中心、前塔后殿的平面布局。永宁寺遗址出土的建筑材料，以瓦类为主，板瓦和筒瓦多为素面，少数带有绳纹。瓦当图案以莲花纹为多，花瓣 8～10 个，瓣形较窄，也有的莲瓣宝装且周绕一圈联珠纹。还有在莲芯生出化生的莲花化生图案瓦当，似为佛寺所特制。此外，还有兽面纹、忍冬纹和云纹瓦当。

对永宁寺塔基的发掘中，获得的佛教艺术品是数量众多的彩塑残件，数量超过 1500 件。因遭火灾高温焚烧，泥塑已坚硬如陶质。按形体大小可分为大型像，包括等身像和比等身更大的塑像；中型像，小于等身像，身高约 1～1.4 米；小型像，身高多数在 50 厘米左右。虽然各型塑像无一完整的，但中小型像有的头部尚保存完整，小型像有的虽缺头部但身躯保存尚较完整。从残存头像观察，有佛像、菩萨像和比丘像，还有世俗人像，其中有戴笼冠或小冠的侍臣，梳各式发髻的仕女，也有戴兜鍪的武士，扎巾着帽的胡人，等等。这些小型像应是塔内影塑礼佛图损毁后的残

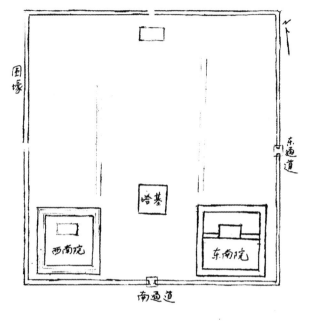

图 7 – 17 河北临漳东魏—北齐邺城遗址赵彭城佛寺考古勘探发掘平面示意图

件。因为出自皇家大寺，所以泥像塑制精美，面部造型丰腴得体，弯眉细目，不刻眼球，直鼻小口，嘴角略含笑意，衣纹简洁而飘逸，清楚表明在北魏晚期，接受南朝萧梁以张僧繇为代表的造型新风，在造型艺术中显示出的时代风貌。由于这些小型泥塑与韩国百济定林寺出土泥塑造型相近似，所以它们一直被视为公元6世纪时中韩文化交流的实物例证。

东魏北齐邺城（邺南城）的佛寺遗址，位于今河北临漳县赵彭城村西南约200米处，北距邺南城南墙约1300米，在邺南城中轴线（朱明门大道）延长线的东侧，目前考古发掘工作还没有结束。最先发掘的是寺内居中的塔基。塔基方形，与永宁寺塔基同样是由地下和地上两部分构成，地下基槽为正方形，边长约45米；地上部分边长约30米，尚存三圈柱础遗迹。其形制应略小于永宁寺木塔。值得注意的是在塔基中央发现了刹柱础石，其下设砖函，可能原瘗藏舍利等，惜早遭盗掘一空。出土的遗物有彩绘泥塑佛教造像残片、残琉璃舍利瓶等和大量砖瓦，还有石螭首、柱础等石雕建筑构件。从佛塔形制与永宁寺近似，且时间相近看，该塔也可能是与北魏洛阳永宁寺塔具有同样建筑形制的多层方形木塔。塔基发掘以后，继续开展与塔基有关的寺院遗址的勘探和发掘工作，发现整座寺院总平面大致呈方形，周绕围壕，南面正中有通道，正对中间的佛寺。已在塔基东南和西南发现有院落，两院平面均近方形，北部中央建有大型佛殿，四周围绕僧房和廊道。又在中央塔基以北，发现有佛殿遗址。对佛寺的发掘工作现在仍在继续进行中。

除了上述两处已被大面积揭露的北朝佛寺遗址外，也曾对北魏平城时代的两座佛塔的基址，进行过探查，分别为位于今山西大同方山的思远佛图和被压在辽宁朝阳辽塔下的思燕佛图基址。思远佛图已清理了方形的塔基，以及周围的围墙和山门、佛殿、僧房等遗迹，出土有富贵万岁铭瓦当、莲花化生瓦当等，还有许多绘彩泥塑残件，仍显示着北魏平城时期造像的特征。

此外，还对山西太原龙山童子寺遗址持续进行了发掘工作。童子寺创建于北齐天保七年（公元 556 年），北部山崖雕造有高 30 余米的无量寿大佛，大佛前曾建佛阁，现大佛已残毁，阁北的北齐燃灯石塔尚存。大佛前佛阁遗址发掘中，除发现后来唐代重修的前廊等遗迹外，还出土有北齐时的佛教造像残像，有佛、菩萨、力士等头像。

在新疆地区，对策勒县达玛沟佛寺遗址进行了发掘，共发现三座遗址，分别是托普鲁克墩 1 号佛寺遗址和 2 号佛寺遗址、喀拉墩 1 号佛寺遗址。建筑年代约在公元 3～6 世纪。托普鲁克墩 1 号佛寺遗址，是一座方形小佛寺，佛像和壁画尚保存较好，现在原址已建博物馆保存。2 号佛寺遗址规模较大，由东门、前厅、东侧堂、东北侧室、北门、北侧室和中心回廊佛殿构成。出土有残泥塑佛像、木板佛画等遗物。为研究于阗佛教寺院提供了重要的资料。

此外，还曾在吉木萨尔县北庭故城西部，发掘过北庭高昌回鹘佛寺遗址。

（六）佛寺遗迹造像埋藏坑的发掘

在古代佛寺遗址内常可发现埋有佛教造像的窖藏坑，主要有两种情况：一种是在中国历史上发生大规模毁佛事件时，掘坑将破坏的佛教造像填埋其中；另一种是后代僧人等做功德将形貌已损毁的造像掘坑瘗藏，有时还会在坑上建塔供养。前一种如在上世纪 50 年代清理的河北省曲阳修德寺遗址的埋藏坑佛教石造像和四川省成都万佛寺废址埋藏坑佛教石造像，后一种如上世纪末清理的山东省临朐明道寺塔基埋藏的佛教造像和青州龙兴寺埋藏的佛教造像，特别是临朐出土的《沂山明道寺新创舍利塔壁记》碑，更清楚地说明北宋时当地流行瘗埋古代残像做功德的事实。这些埋藏坑中常有许多带有纪年铭刻的造像出土，为研究中国古代佛像的艺术造型发展演变，提供了极为重要的实物史料。下面就有关南北朝时期佛教造像埋藏坑的几项重大的考古发现予以简介。

关于南朝的佛教造像，传世遗物颇为贫乏，在南朝都城所在的南京地区，也一直缺乏有关佛教寺庙遗址等田野考古发掘工作，因此在四川蜀地有关佛教造像埋藏坑的考古发现，无疑对了解南朝齐梁两朝佛教造像艺术造型的发展演变，具有重要意义。对于成都万佛寺埋藏坑出土石造像，近年又进一步作过整理研究，加之成都的西安路、商业街等几处佛教石造像埋藏坑的考古新发现，已经获得了自南齐永明八年（公元 490 年）直到梁太清五年（公元 551 年）的多件纪年石造像，系以具有地方特色的红砂岩雕制的，故大致可以梳理出南朝造像自南齐末到萧梁初，日渐兴盛的以张僧繇为代表的艺术新风发展演进的轨迹。同时从出土的北周领有蜀地后的纪年造像中发现有北周武帝保定、天和年号，从而又看到了当时南朝与北周文化交融的实物标本。

关于北朝佛教造像埋藏坑的考古发掘，主要集中在曾为东魏、北齐都城邺南城所在的今河北临漳、古定州地区的河北省定县、曲阳等地，以及古青州地区的山东省青州、临朐、诸城等地，从出土石造像的纪年铭来考察，主要都是北朝晚期的作品，始自北魏孝明帝神龟、正光年间，经东魏到北齐时期。各个地区的石造像从材质到造型风格，又各具地方特色。至于北周都城长安即今陕西西安地区的佛教造像埋藏坑，近年也有发现，显示出北周与东魏、北齐造像不同的地方特色。

邺南城的石造像埋藏坑，在临漳习文乡北吴村北地，出土石造像经测量编号的共 2895 件（块），还有大量造像碎块，总数量迫近 3000 块（片），多数为汉白玉石质，少数为青石，大多表面残存贴金彩绘痕迹。也出土少量陶像。造像纪年最早的为北魏太和十九年（公元 495 年），最晚的有唐上元二年（公元 675 年），时代跨越北魏、东魏、北齐、北周、隋和唐代，绝大多数为东魏、北齐纪年，表明这处埋藏坑大约埋藏于唐代。造像以中小型汉白玉背屏像为主，也有一些中型或大型单体圆雕造像，题材有释迦、弥勒、药师、阿弥陀、卢舍那和观普、思惟菩萨，还有双像，包括释迦多宝、双（观音）菩萨、双思惟像等。北吴庄造像窖藏的发现，揭示出东魏北齐时都城邺南城佛教造像的时代风貌，还显示出当时都城流行的造像规制开风气之先，其影响向其领有的其他地区扩展。

定州地区的北朝晚期石造像埋藏坑，主要有两项重要发现，一项是曲阳修定寺废址的石造像埋藏坑，大约是唐代灭法时埋入的，造像残损较甚，但数量众多，约 2200 余件，其中有纪年的造像即超过 240 件，最早的是北魏神龟三年（公元 520 年），经北魏、东魏、北齐、隋到唐天宝九年（公元 750 年），材质精美，为白石，即俗称的汉白玉，但一般形体不大，不见大型单体造像，多双像（如双弥勒、双观音等）、菩萨思惟像。另一项是藁城北贾同村建忠（中）寺旧址的石造像埋藏坑，虽然出土数量不如前者，但一般形体稍大，有的像超过 80 厘米，双面镂刻，并呈现不同的造像题材，其雕工技术远胜于曲阳石刻。

青州地区的北朝晚期石造像埋藏坑，主要的两项考古发现，都瘗藏于北宋时期。出土的北朝晚期佛教石造像，最早纪年是北魏正光年间，经东魏至北齐，用当地的青石雕造，体量较大，多体高超过 1 米的单体造像和背屏三尊像，罕见思惟像及双像。到北齐时，更流行薄衣透体的新样式。

在原西魏北周都城长安城遗址（今陕西西安），近年不断有北周佛教石造像埋藏坑被发现，如西安汉城乡西查村出土的白石菩萨像、灞桥区湾子村出土的大型石立佛。湾子村出土石立佛中有一件有纪年铭，为北周大象二年（公元 580 年），是北周武帝灭法 6 年后，静帝复法后的作品。在中查村发现的埋藏石造像的坑中，经复原的造像多达 31 件，还有一些不能复原的残块。这些石刻不仅揭示了北周造像的时代特征，更为探寻隋唐造像的渊源提供了重要资料。

唐代社会生活和埋葬制度

公元589年，隋军南下灭陈，古代中国重归统一。但隋朝的统治仅维持了20余年，再次出现群雄纷争的格局，最后李渊、李世民父子扫平群雄，建立唐朝，古代中国进入社会政治、经济、文化空前繁荣的新阶段，当时唐文化的许多方面在世界上居于领先地位。因此，唐代考古学的研究，不仅对中国考古学具有重要意义，在世界文化史上也占有一定的位置。

（一）唐代都城的平面布局

隋朝建立了新的都城，《隋书·高祖纪》，开皇二年（公元582年）十二月"丙子，名新都曰大兴城"。唐朝继续以其为都城，更名长安。这座都城已经是按照一定规划兴建的，是中国都城史上封闭式里坊制城市的典型。

对长安城遗址的考古勘察和重点发掘工作，是自20世纪50年代开始的。到1958年，基本勘测清楚这座都城外郭城的范围，并确定了大部分城门的位置。以后继续对街道、里坊进行探查，并对西市进行试掘。对皇城、宫城和大明宫进行了勘察和重点发掘，已发掘的有大明宫中的主要宫殿含元殿和麟德殿，还有清思殿、三清殿、含元殿前东朝堂和含耀门遗址，以及太液池南岸的建筑遗址。此外，还发掘了兴庆宫西南隅的勤政务本楼遗址。在皇城发掘了含光门遗址。对城内的重要佛寺遗址，发掘了青龙寺和西明寺的部分遗址。又对城南明德门东的圜丘遗址，进行了发掘。通过多年的工作，对长安城的平面布局有了较清晰的了解。

长安城外郭城平面呈长方形，东西长9721米、南北长8651.7米，周围约 35.5 千米。城墙全由版筑夯土筑成，仅在城门处外表面贴砌砖壁。一般宽 12 米左右，据记载墙原高一丈八尺（约今 5 米多），但今只有小部分残存，残高仅 1～2 米。墙外有与城墙平行的城壕。四面均各设三门，依逆时针方向顺序排列，南墙为安化门、明德门、启夏门，东墙为延兴门、春明门、通化门，北墙为芳林门、景耀门、光化门，西墙为开远门、金光门、延平门。这些门

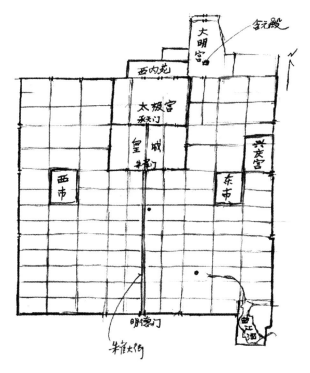

图 8-1　唐长安城遗址平面示意图

中，除北面的芳林门（隋称华林门）、景耀门、光化门和西面的开远门已被现代建筑叠压破坏外，其余诸门均已探查清楚。南墙居中正门明德门有 5 个门道，其余均为 3 个门道（惟春明门为 1 个门道）。明德门已经发掘，门址东西面阔 55.5 米，南北进深 17.5 米。门墩为版筑夯土，表面贴砖，门道宽均为 5 米。

皇城在外郭城内中央偏北处，后接宫城。平面横长方形，南北长 1843.6 米、东西长 2820.3 米，周长 9.2 千米。南墙 3 门，中间正门朱雀门，南对明德门，北对宫城正门承天门，其西为含光门，其东为安上门。东、西两墙各 2 门，东为延喜门、景风门，西为安福门、顺义门。已探明安上门内南北向大街宽 94 米，两侧均有 3 米宽的排水沟。据记载皇城内有

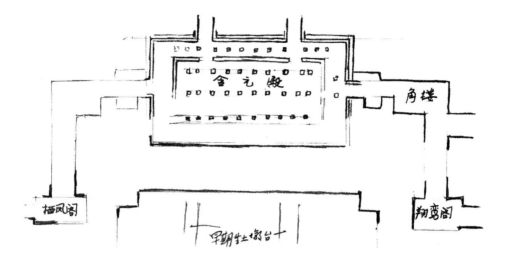

图 8-2　唐长安城大明宫含元殿遗址考古发掘平面示意图

东西向街道 7 条、南北向街道 5 条。各街之间分布有中央衙署等建筑。

宫城南接皇城，北抵外郭城北墙，平面亦横长方形，南北长 1492.1 米、东西长 2820.3 米，周长 8.6 千米多。南墙正门为承天门（隋称广阳门），遗址东西残长 41.7 米、进深 19 米，3 个门道，门基铺石条或石板。门内为太极宫（隋名大兴宫），正殿为太极殿（隋名大兴宫），正对承天门。太极宫东为太子居住的东宫，西为宫女居住的掖庭宫。据记载掖庭宫北有太仓，南有内侍省。

外郭城内有南北向大街 11 条，东西向大街 14 条。其中通南墙 3 门及东西墙 6 门的 6 条大街，是长安城的主干大街。这 6 街中除延平门至延兴门的东西大街宽 55 米外，其余 5 条街宽均超过百米，又以自明德门通向皇城的中央大街——朱雀街最宽，达 150～155 米。其他不通城门的各条街宽在 35～55 米之间，顺城街宽 20～25 米。各街路面皆起拱，两侧有宽 2.5 米左右的排水沟，唯朱雀街两侧排水沟宽 3.5 米、深 2.1 米。以上述南北 11 条、东西 14 条大街为经纬，纵横交错，将除宫城、皇城外的整个外郭城分划成 110 个坊（隋炀帝时称为里）。各坊大小有区别，但平面布局相同，坊外围坊墙，一般是四面坊墙居中各开一门，向内形成垂直交叉的十字街，将全坊分为四区，坊内分布着官衙、佛寺和官民住宅等。城内实行宵禁，坊门设兵守卫，夜闭朝启，实行封闭式管理。在皇城前东西两侧设东市和西市，各占两坊之地。佛寺遍布外郭城内，大寺常占半坊至整坊之地，荐福寺甚至跨开化、安仁两坊。一些礼制建筑仍依汉魏旧制，设在外郭城南墙外东侧，有圜丘和先农坛等。

为解决城中用水，长安城内有龙首、清明、永安和漕渠 4 条主要水渠。在外郭城东南芙蓉园西有曲江池，南北长 1700 余米，东西最宽处 600 余米，周长约 4 千米。为长安城的主要风景游览区。

唐东都洛阳，也是与长安相同的封闭式里坊制城市。对洛阳城遗址的考古勘查也是自 20 世纪 50 年代开始的，继而对外郭城址、皇城和宫城遗址进行勘测，确定了南墙的定鼎门、长夏门、厚载门和东墙建春门的位置，皇城的右掖门、宾耀门和宫城的应天门、长乐门、玄武门等遗址也相继发现，并对右掖门遗址作了发掘，绘出隋唐洛阳城的城址实测图。其外郭城为夯土筑成，城墙基宽 15～20 米。城址平面近方形，南宽北窄，经实测东墙长约 7312 米、南墙长约 7290 米、西墙长约 6776 米、北墙长约 6138 米，全城

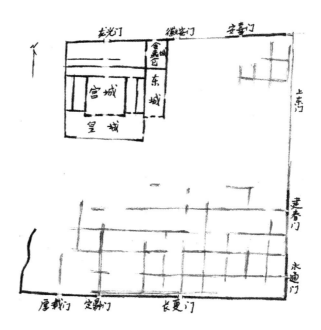

图 8-3　唐洛阳城遗址平面示意图

共设 8 门。宫城在外郭城西北隅，皇城围绕于宫城东、南、西三面。皇城及宫城外还有一些小城，宫城北有曜仪城和圆璧城，皇城以东有东城，宫城西北和东北有东西隔城。据记载，外郭城内有 103 坊，目前已查出洛南 55 坊和洛北 9 坊，其余一部分为今城所占压，一部分为洛水冲刷无法勘察。在前此勘察发掘的基础上，20 世纪 70 年代后继续展开重点考古发掘，陆续发掘了东城墙的宣仁门遗址、皇城正门应天门遗址、圆璧城南门遗址和外郭城永通门遗址等多座城门遗址，还发掘了宫城内武则天明堂遗址和九洲池附近的亭榭遗址、皇城内的衙署遗址和洛河南岸的里坊遗址。其中皇城正门应天门的发掘，揭露出三出阙及连接阙与城垣的廊道，对了解隋唐门阙建筑的形制有重要参考价值。

隋唐都城的平面布局，集魏晋南北朝以来都城规划之大成，发展成为中国中古时期封闭式里坊制的典型城市，隋大兴唐长安城特征明显。

一是宫城在外郭城北部中央，前为集中央官署和太庙太社于其中的皇城，是政治中心和权力中心，虽然宫殿所占面积远较汉长安城为少，却集中地进一步显示出中央集权的皇帝的权威。

二是南起明德门北抵皇城朱雀门的朱雀大街，向北伸展达宫城正门承天门，直至太极宫正殿，形成都城的中轴线。使朱雀大街具有礼仪上的象征性。

三是由纵横交错的街道分隔的里坊，由坊墙围绕，坊内设十字街。所以在城内街道两侧只能见到高筑的坊墙，当宵禁时坊门关闭，则各坊间完全封闭隔绝，坊内居民仍受到严格控制。

四是东市和西市安置在皇城前东西两侧，位置重要，且各占地两坊，表明商业活动较前有较大发展。但闭坊宵禁，仍极大地限制了商业活动，商业仍由官方严格控制。

五是沿袭北魏洛阳传统，宗教寺院主要是佛寺，在外郭城内广泛分布，显示了居民宗教活动的繁荣，促进了居民的文化生活。

（二）建筑技术的发展

　　唐长安城的城市平面布局，表明随着宫殿集中到外郭城的中间偏北位置，而且宫殿所占面积较汉长安城有很大的缩减，占全城总面积绝大比例是里坊，其中主要是官员府弟、民居宅院、宗教寺院，使得里坊内的建筑已成为一般建筑行业服务的主要对象。这一变化，也促使宫殿建筑更向精美豪华发展，集中体现了当时建筑技术的高水平。大量建造适于居住的居民宅院以及供人们进行宗教活动的寺庙，导致对建筑功能的多样需求，这自然促进了建筑技术和装饰艺术的新发展。

　　木构建筑技术日趋成熟的重要例证之一是斗拱的发展，在北朝晚期开

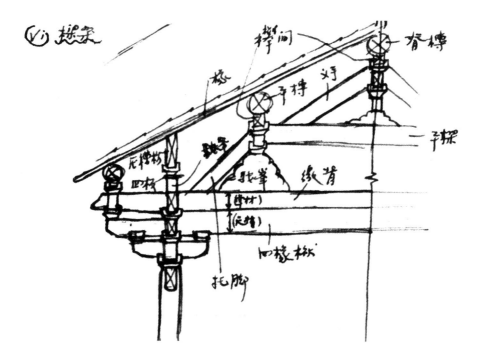

图 8－4　唐南禅寺大殿斗拱结构示意图

（1957 年听宿季庚先生讲授《古代建筑》课的课堂笔记）

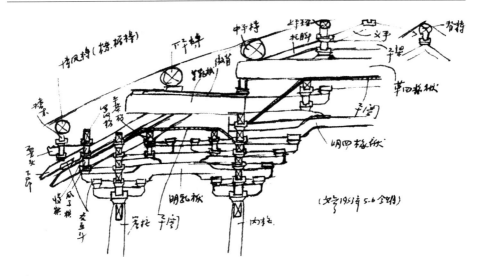

图 8-5　唐佛光寺大殿斗拱结构示意图

（1957 年听宿季庚先生讲授《古代建筑》课的课堂笔记）

始使用五铺作斗拱的基础上，其在隋唐时期得到普遍使用和继续提高。目前尚存最早的纪年明确的木构架建筑，是山西五台山的两座晚唐的佛殿，即建于建中三年（公元 782 年）的南禅寺大殿和建于大中十一年（公元857 年）的佛光寺大殿。南禅寺大殿较小，平面广深各 3 间，柱头斗拱为五铺作双抄偷心造。佛光寺大殿较大，平面面阔 7 间、进深 4 间，柱头斗拱为七铺作双抄双下昂，每朵斗拱总高约为柱高的二分之一，因为出跳达四跳，故整个屋檐挑出约近 4 米（相当于檐口至台基面高度的二分之一），出檐颇为深远。而且这时斗拱更从简单的垫托和挑檐构件，发展成和横向的梁及纵向的柱头枋穿插交织、位于柱网之上的一圈井字格形复合梁，起到保持柱网稳定的作用。总之斗拱的发展，使殿堂屋宇出檐更深远，利于遮蔽风雨，改善了采光条件，室内举高增加，空间加大，极大地改善了人们生活起居的条件。

城市布局的变化，城内里坊所占比例日益增大，宅第民居建筑数量日增，人们自然对建筑的质量和居住的舒适性不断提出新要求，在改善居住条件的同时，还注意居住环境的改善，构筑附属住宅的园林景观。这些都不断刺激建筑行业的发展，在当时的绘画和文学作品中均有所反映，特别在敦煌莫高窟的唐代壁画中常可看到有关由回廊连接的四合院布局的宅第图像，常常有两进以上的院落，大门有的采用乌头门形式，主要建筑多有斗拱结构，设有直棂窗，并悬挂垂帘或帷幕，回廊亦设有直棂窗，院内植有花草树木。有些人还在住宅后部或宅旁修建园林，掘池造山，种花植树，著名诗人白居易就曾在洛阳履道坊宅后建园（白居易：《池上篇并序》），在今洛阳郊区安乐乡发掘的唐代遗址，发接连水渠的大面积淤土，可能即为其遗迹。

　　居室建筑的发展，更促进了垂足高坐家具在唐代发展，以更迅猛的势头日益排挤传统的供席地起居的旧式家具。从目前获得的唐代高足家具图像和模型器来看，与南北朝时相比，可以看出南北朝时家具图像主要出于佛教美术品。到了唐代，除出于佛教美术品外，很多重要资料得自世俗美术品，不仅有墓室壁画和随葬俑群的资料，还有的来自描绘世俗生活的传世绘画，许多还是描绘宫廷生活的画卷，足以表明唐时高足家具和垂足坐姿，已日渐深入人们的社会生活，普遍流行于宫廷和民间。以椅子为例，除敦煌莫高窟唐代

图 8 - 6　四足矮圆凳
（传周昉挥扇仕女图）

壁画中高僧坐于椅子上的画像外，椅子已出现于墓室壁画中。陕西发现的天宝十五年（公元 756 年）高元珪墓内正壁墓主画像，就正面端坐于大椅子上。高元珪是宦官高力士之弟，官阶为明威将军，从四品，这与敦煌壁画中的高僧坐椅不同，表明当时较高级官员家中确已使用这种新式高足坐具。反映宫廷生活的绘画作品，如唐章怀太子李贤墓的壁画和传为周昉绘《挥扇仕女图》等，所绘出的家具有方凳和扶手矮圈椅等。在陕西长安县

图 8-7　扶手矮圈椅
（传周昉挥扇仕女图）

图 8-8　四足方凳
（章怀太子墓壁画）

图 8-9　四足方凳
（长安南里王村唐墓壁画）

图 8-10　束腰圆凳
（王家坟唐墓三彩俑）

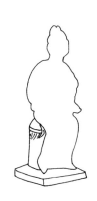

图 8-11　方凳
（西安唐墓陶说唱俑）

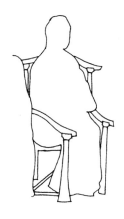

图 8-12　椅子
（敦煌莫高窟第61窟维摩结变）

南里王村韦氏家族墓中壁画有屏面绘树下妇女的六曲屏风画，屏面画坐姿妇女的坐具是方凳。同墓壁画还有坐在长桌旁长凳上宴饮的画面。西安一带唐墓出土的陶俑和三彩俑中，有坐在束腰圆凳上照镜的仕女，还有垂足坐在凳上的说唱艺人。凡此种种，都反映着新式家具在一般家庭生活中使用的情景。

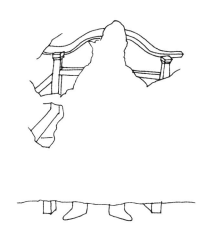

图 8-13　椅子
（敦煌莫高窟第 196 窟劳度叉斗圣变）

图 8-14　椅子
（西安高元珪墓壁画）

（三）唐陵神道石刻

　　唐朝皇帝的陵墓，主要坐落在陕西的乾县、礼泉、泾阳、三原、富平和蒲城六县境内，由西向东分布着 18 座陵墓，习惯称为"关中唐十八陵"。按时间先后，分别是高祖李渊的献陵、太宗李世民的昭陵、高宗李治和女皇武则天合葬的乾陵、中宗李显的定陵、睿宗李旦的桥陵、玄宗李隆基的泰陵、肃宗李亨的建陵、代宗李豫的元陵、德宗李适的崇陵、顺宗李诵的丰陵、宪宗李纯的景陵、穆宗李恒的光陵、敬宗李湛的庄陵、文宗李昂的章陵、武宗李炎的端陵、宣宗李忱的贞陵、懿宗李漼的简陵和僖宗李儇的靖陵。此外，在咸阳陈家庄有武则天为她母亲杨氏修筑的顺陵。除陕西外，在河南偃师缑氏镇保存有死后谥为孝敬帝的李弘的恭陵。这些陵墓多是依山为陵，少数在平地构筑巨大的封土墓冢，都构筑有宏大的陵园，并有成组合的陵墓石刻。石刻主要布置在神道两旁，数量多而且题材多样，又在陵园四神门外设狮子等石刻，大多保存较完好。唐陵神道石刻，造型雄伟，形体稳重，形成庄严、威猛的氛围，是唐代的纪念性大型组合石雕艺术的代表作品。

唐陵石刻大致经历了初创（献陵和昭陵）、成熟（乾陵和定陵、桥陵）、延续（泰、建、元、崇、丰、景、光、庄等八陵）和衰微（章、端、贞、简、靖等五陵）四个阶段。其艺术造型也由雄浑，转向庄重，接着陷入呆滞的程式化，终至粗疏委顿，失去艺术光彩。唐王朝从战火中诞生，发展成长，终成当时屹立于世界东方最兴盛的帝国。安史之乱以后，唐王朝每况愈下，终至衰微覆亡。唐陵石刻的发展阶段，正反映着唐王朝的历史进程。

初创阶段的献陵和昭陵，神道石刻各具特色。献陵在陵园四门各有 1 对石虎，南面神道有石犀及石柱各 1 对。虎、犀均立姿，造型拙朴而气势雄浑，承袭着西魏文帝元宝炬永陵前石兽的造型风格。石柱为八棱柱体。顶承上有蹲狮的圆盖，下是双兽蟠转的石础，明显承袭南朝陵墓神道石柱的风貌。应表现着初唐杂采南北朝造型艺术风格，尚未融成新的时代风格的情况。昭陵的石刻，最著名的是阙前所立高浮雕"昭陵六骏"石刻，为贞观年间作品，每石雕出一匹战马，或行走，或奔驰，形貌写实，有的马身上带有箭伤。六骏模写的是唐太宗李世民在历次重大战役中乘骑的战马，分别是飒露紫、拳毛𬴂、白蹄乌、特勒（勤）骠、青骓和什伐赤，仅在飒露紫前面雕有人像，是全装甲胄的将军邱行恭正为它拔箭。《旧唐书·丘行恭传》："贞观中，有诏刻石为人马，以象行恭拔箭之状，立于昭陵阙前。"这六匹意态雄杰的战马，呈现出一往无前的雄浑气势，用以象征唐太宗李世民的丰功伟业，是一组成功的纪念碑性质的石雕作品（昭陵六骏在 20 世纪初遭盗劫，并被砸碎拟装运出国，其间四骏为当时中国政府查留，现藏西安碑林博物馆，但飒露紫、拳毛𬴂二骏已被运出国外）。近年清理陵前北司马门遗址时发现放置六骏的长廊遗址，在两侧各面阔 7 间的廊房中，北 3 间放六骏石雕中 3 件，南 4 间放"十四国蕃君长" 7 件。蕃君长像现仅存部分无头残像，原应为端立姿态。

成熟阶段的象征性作品是乾陵前石刻。在陵园四门各立 1 对石狮，在北门又有 6 匹石马。陵前神道石刻，自南向北（由外向内）排列着石柱、翼马、驼鸟（朱雀）各 1 对，仗马和控马官 5 对，石人 10 对和石碑 2 通（无字碑和述圣记碑），还有"蕃臣曾侍轩禁者"立像 61 件。石刻技法成熟，加强了细部刻划，不论人、兽皆选取端正恭谨的姿态，开始呈现程式化趋向，形成整体庄重肃穆的氛围，呈现出稳定、永恒的美感，汇成一曲对兴盛的唐王朝的颂歌。但造型已丧失昭陵六骏那种写实、生动的作风，亦无初创阶段石刻拙朴雄豪的气势。后续的定陵和桥陵石刻，大致保持着乾陵石刻同样的风采，同属唐陵石刻成熟阶段的作品，石刻组合日趋制度化，与陵园建筑群及宏大的山陵相呼应，共同形成肃穆、庄严、神圣的气氛。

安史之乱以后，唐王朝政治、经济日趋衰落，陵墓石刻与社会现实相呼应，也日趋衰落，渐失风采，无法与成熟阶段的作品相比，但尚能延续乾陵石刻创始之规制，雕刻也还精细可观。自玄宗泰陵，继之建、元、崇、丰、景、光、庄等陵石刻均属延续阶段的作品。随着时间的推移，石雕造型日显体态无力，线条松散，渐失唐陵石刻原有的雄伟风貌。

衰微阶段的唐陵石刻，是章、端、贞、简、靖五陵石刻，虽然仍保持着陵前神道石刻的设置，但体恣已瘦小，雕工更粗率，显示出衰微破败的气氛，尽失初盛唐时陵前石刻原具的艺术风采。

（四）唐代埋葬制度（以随葬俑群为例）

初唐时，随葬俑群仍承袭北朝晚期旧制。此前隋统一后，曾将北齐和北周的俑拼合在一起，初唐仍沿袭隋制。到高宗武后时，呈现出新面貌，北朝时军事色彩浓重的以甲骑具装为核心的出行队列消失了，代之以装饰华美的鞍马，有时有骑马乐队，或臂鹰携犬的出猎行列。镇墓神怪俑中，按长楯的甲胄武士装镇墓俑被天王形镇墓俑所取代，足下踏山石或卧兽，多为卧牛；镇墓兽仍呈蹲坐状，但体侧鬃毛翼张。

并出现形体较大的文官和武官俑。还出现了"三彩"俑，系用低温烧成的釉色多变的特殊釉陶。开元天宝时，三彩俑达到盛期，人物造型趋于肥腴，陶马塑造得神骏传神，马具华美。天王形镇墓俑，足踏小鬼，一手叉腰，威猛生动。镇墓兽也不再是呆板的蹲坐姿态，张牙舞爪，鬃毛飘张，同样足踏小鬼。还有袖手端立的兽首人躯十二时俑。除鞍马外，还有造型生动的骆驼，最佳作品是骆驼载乐俑。天宝以后，随着唐朝国力日衰，随葬陶俑也就日趋衰落。

图 8 - 15　懿德太子李重润墓三彩马（1997 年为《美术考古半世纪》所绘）

图 8 - 16　西安中堡村唐墓三彩镇墓兽（1997 年为《美术考古半世纪》所绘）

（五）唐代墓室壁画

自 20 世纪 50 年代以来，在陕西西安为中心的区域，也就是以都城长安为中心的区域内，不断发掘清理了较多的自墓道至墓室绘有壁画的墓葬。绘有壁画的墓葬，一般都是规模较大、所葬死者多是官员以上身分或有爵位的人的坟墓。唐墓壁画的演变可分为五个阶段：一为高祖至太宗中期，二为高宗在位期，三为神龙二年至开元十七年（公元 706～729 年），四为天宝年间至肃宗、代宗、德宗三朝，五为宪宗元和年间迄唐亡（公元806～907 年）（宿白：《西安地区唐墓壁画的布局和内容》）。目前发现的唐代壁画墓中，皇帝陵墓中的壁画只有僖宗靖陵 1 座，并多残损，只存部分仪卫武士和兽首人身的十二辰图像，而且靖陵是关中十八陵年代最迟的，距唐朝覆亡不足 20 年，其陵墓规模和壁画水平完全无法代表唐陵壁画艺术。更具代表性的唐墓壁画，是陪葬帝陵的一些郡王、太子或公主墓的壁画。自唐高祖到太宗时，壁画布局与内容尚沿袭北朝，如淮安郡王李寿墓壁画（贞观四年，公元 631 年）和长乐公主墓壁画（贞观十七年，公元 643 年）。也可视为唐墓壁画发展的初始阶段，时间可延续到高宗当政时，如陪葬昭陵的新城长公主墓壁画（龙朔三年，公元 663 年）。当武则天主政时期结束，于神龙二年（公元 706 年）陪葬乾陵的懿德太子李重润墓、永泰公主墓和章怀太子李贤等墓的壁画，已脱开北朝影响，显示出唐

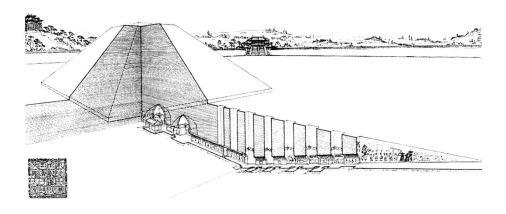

图 8 - 17 唐懿德太子李重润墓透视图
（采自《傅熹年建筑史论文集》）

代墓室壁画独特的时代风貌。特别是永泰公主墓的宫女壁画，绘画技法极佳；懿德太子墓的城阙和宏大的朱辂仪仗壁画，显示出盛唐气势；章怀太子墓的出行游猎和马毬比赛，更具生动情趣。这些都标志着唐墓壁画已进入成熟阶段。到开元天宝时期，唐墓壁画步入发展阶段，壁画人物形象已随时代风尚，崇尚体态丰腴，特别是仕女造型，更是衣裙宽肥，身姿胖美，模拟着贵妃杨玉环式的美人。也开始出现模拟六曲屏风的壁画，天宝四年（公元745年）苏思勖墓壁画屏面绘各种姿态的老人图像，以后有树下仕女，或转向花鸟云鹤。到宪宗元和年间以迄唐亡（公元806～907年），唐墓壁画日趋衰微，前述靖陵残画，可视为以前唐墓壁画艺术之余响。

东都洛阳地区，目前尚很少发现绘有壁画的大型唐墓，唯一的例子是唐睿宗贵妃豆卢氏墓，葬于开元二十八年（公元740年），保存的男女侍从、乘马出行和云气花鸟图案等，构图技法大致与都城长安墓室壁画近同。

在山西、北京、宁夏、新疆等地区也发现有绘壁画的唐墓。山西太原的唐墓中，多模拟屏风的壁画，屏面画为各种姿态的老人图像。北京海淀区八里庄唐墓北壁绘大幅花鸟壁画，画面长290、高165厘米，正中是一丛牡丹，花上彩蝶飞舞，花两侧绘芦雁，芦雁背后又有秋葵等花卉，反映出唐朝晚期花鸟画之盛行。宁夏固原、新疆吐鲁番唐墓壁画也多屏风式构图，屏面绘有骏马、花鸟等，新疆吐鲁番唐墓还出土有木骨绢面屏风实物，绘有伎乐、仕女、儿童及牧马图，可以对比研究。

在关中和中原以南，很少有壁画唐墓。目前只在湖北郧县发现过濮王李泰家族的坟墓有壁画，但残损较甚，能看清的侍吏、男女侍仆画像，风格仿自都城长安。此外，广东韶关罗源洞的张九龄墓（开元二十九年，公元741年），残存有侍女、青龙等壁画，是目前所知最南的唐墓壁画遗存。五代时墓室壁画仍沿袭唐风，河北曲阳王处直墓有大幅山水屏障画，还有两幅施彩石浮雕，一为散乐女伎，一为持物侍女，人物众多，面相身姿仍具唐时肥腴之余韵。

（六）墓室壁画和唐代绘画艺术

隋唐时期的绘画作品，传世真迹有限，就是后代摹本亦颇稀少，如宋摹张萱《虢国夫人游春图》，今日也已被视为珍品。吴道玄（吴道子）时称"画圣"，以他为代表的流派，被称为"吴装"、"吴家样"，其影响自唐代中期经五代北宋，人物画家几乎都以吴道子为效法的榜样，但是目前传世作品无任何他的真迹。更令人关注的是，对过去认为是传世真迹的有些作品，到底是否实为真迹？目前仍属学术研究课题，如传展子虔《游春图》（傅熹年：《关于展子虔〈游春图〉年代的探讨》），又如传阎立本《步辇图》，等等。因此，大量唐代墓室壁画的发现，又为今人提供了一个了解唐代绘画艺术的真实情况的窗口。

虽然唐墓壁画提供了较丰富的唐代绘画真实标本，但是墓室壁画终究有极大的局限性，所以其所能说明的只是反映着唐代绘画发展的大略论廓，或说是大略的时代风格。唐墓壁画发展演变的几个阶段，确可描述出唐代绘画艺术从汇合南北朝东（魏）西（魏）和南（朝）北（朝）绘画艺术，由简单的拼合，到真正融汇成新的唐代本身的时代风格，再凸现出更具特色的开天盛世的绘画艺术，最终随唐王朝的衰微而江河日下，但其余韵到五代仍未绝。

同时，唐墓壁画还能反映出当时花鸟、山水等绘画门类兴盛发展的实况。

从西域来华人士墓葬概况

在北朝隋唐时期，许多从西域来华的人士，从寓居华土，直到溶入中华社会，甚至后来溶入中华民族大家庭之中。在中国的正史中，是将远自地中海沿岸古国，到古波斯、中亚乃至今中国新疆地区西部诸古代民族建立的大小政权，均列入《西域传》（或《西域诸国传》、《西戎传》、《西北诸戎传》），故本文所言"西域"，即包括上列地域。自 20 世纪 50 年代以来，随着田野考古的进展，一些寓居关中和关东的西域来华人士的墓葬，逐渐被发现。1955 年西安祆教徒苏谅妻马氏（公元 849 ~ 874 年）墓被发现，虽然墓葬遭破坏，但墓内随葬的墓志保存了下来。这件汉文和中古波斯文合璧的墓志，引起中外学者的极大兴趣。经初步研究，认为墓志使用的书体是"婆罗钵行走体"（伊藤义教：《西安出土汉、婆合璧墓志婆文语言学的试释》，《考古学报》1964 年第 2 期）。后来又将其改释为巴列维文，即以一种阿拉美字母拼写的中古波斯文（刘迎胜：《唐苏谅妻马氏汉、巴列维文墓志再研究》，《考古学报》1990 年第 3 期）。原来当萨珊朝被阿拉伯人灭亡后，有些王室或贵族等流寓长安，后来有的编入左右神策军中，马氏的丈夫苏谅就是那些人的子孙。这方墓志的出土，也使人重新注意唐长安城中的火祆祠宇等问题。同时还陆续在唐代两京（长安和洛阳）附近发现有西域来华人士在唐朝为官者的墓葬，诸如突厥人阿史那忠、安国人安菩、安国人安元寿等墓。20 世纪 90 年代以来，又在北周都城长安附近发现一些曾担任萨保的人士的墓葬，有北周的安伽墓、史君墓，最近又发现了北周康业墓。还在隋唐晋阳附近发现隋朝的虞弘墓。由于安伽、史君和虞弘等三墓内的石葬具上，都分别雕有西域色彩浓郁的图像，将一些学者的目光引向其中显示有关火祆的部分强调所谓粟特文化特征，从而无法全面地去观察这些墓葬所表露的完整的信息，甚至去其他北朝墓中去搜寻火祆教的影响。此外，对于有的学者依据石葬具图像所作类比与考证，有人指出应规避以图证史的陷阱（缪哲：《以图证史的陷阱》，《读书》2005 年第 2 期）。因此对这些西域来华人士墓葬认真进行考古学的考察，确是十分必要的。

（一）从西域来华人士墓葬的墓葬形制

目前所知经正式清理发掘的西域来华人士的墓葬形制，除形制不明的苏谅妻马氏墓等外，毫无例外地都是当时中国墓葬的一般形制。关于西域诸国原有的葬制，史书记载颇简略。以康国为例，《隋书·西域·康国传》谓康国"婚姻丧制与突厥同"。同书《北狄·突厥传》记突厥丧俗为"有死者，停尸帐中，家人亲属多杀牛马而祭之，绕帐号呼，以刀划面，血泪交下，七度而止。于是择日置尸马上而焚之，取灰而葬。表木为茔，立屋其中，图画死者形仪及其生时所经战阵之状。尝杀一人，则立一石，有至千百者"。《隋书》记述的内容，因作者自未曾身临康国，仅转录他人著述，故不明所记葬俗流行的确切时期，是民族古俗？还是隋代近俗？又《通典》引韦节《西蕃记》则云康国"国城外别有二百余户，专知丧事。别筑一院，其院内养狗。每有人死，即往取尸置此院内，令狗食之，肉尽收骸骨，埋殡无棺椁"（《通典》卷一九三《西戎五·康居》）。但无论何说，总表明西域诸国的埋葬习俗与汉地有较大的区别。遗憾地是在那些古代民族居住和生活的中亚地区，目前缺乏较全面的考古勘察和发掘工作，有些人在文章中总提的"粟特人葬俗"的典型墓例到底什么样，在哪一地点有经科学考古发掘获得的典型标本，可用来与在华"粟特人墓葬"进行类型学对比研究，至今仍然缺乏实证。

目前经考古发掘所见到的来华西域人士的坟墓，无一例外的都是构筑成当时中国普遍流行的形制，不论死者先祖是突厥人还是"昭武九姓"中人，概莫例外。现将上举诸墓例（本文使用的墓例，选自北朝晚期和隋唐都城，即今陕西西安、河南洛阳地区，以及晋阳即今山西太原地区的正式考古发掘资料。在其他地区也有许多重要发现，如宁夏固原地区发掘的史氏家族墓本文从略），按下葬年代为序分列于下。

北周天和六年（公元 571 年）康业墓，方向面南坐北，前有斜坡墓道，已被破坏，长度不详，推测应有天井。甬道南窄北宽，顶已塌毁，长2.16 米，甬道前口用砖封砌，后设石门。穹隆顶土洞墓室，平面近方形，边长 3.3～3.4、壁高 1.6 米。在甬道和墓室壁面原绘壁画，但发掘时仅能见到每屏画面的界线。

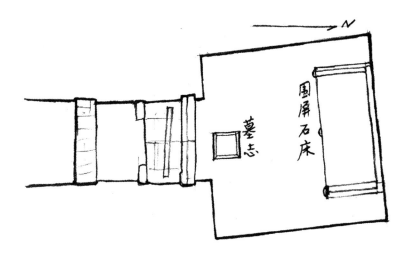

图 9-1　陕西西安北周康业墓平面示意图

北周大象元年（公元 579 年）安伽墓，方向面南坐北，前有带 5 个天井 5 个过洞的长斜坡墓道，长 8.1 米。甬道平面呈长方形砖砌甬道，拱顶，前设石门，门外封砖两重，长 2.56 米。墓室砖砌，穹隆顶，平面近方形，边长 3.64～3.68 米，顶高 3.3 米。在墓道第 1 至第 4 天井两侧壁，过洞、甬道进口上方原均有壁画，天井两侧绘挂剑武士，过洞上方绘莲花等图案。现多已残毁。

北周大象二年（公元 580 年）史君墓，方向面南坐北，前有带 5 个天

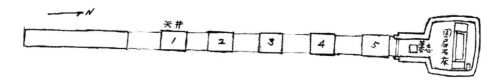

图 9 - 2　陕西西安北周安伽墓平面示意图

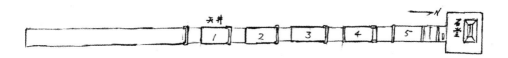

图 9 - 3　陕西西安北周史君墓平面示意图

井 5 个过洞的长斜坡墓道，长 16.3 米。甬道平面呈长方形，拱顶，设石门，门前封砖，长 2.8 米。土洞墓室，平面方形，顶已塌毁，边长 3.5 ~ 3.7 米。在墓道过洞上方和侧壁、墓室壁面原有壁画，均已残损，仅见分栏残迹。

　　隋开皇十二年（公元 592 年）虞弘墓（据虞弘墓志，葬于开皇十二年，即该墓筑成于该年。又据虞弘夫人残志，其夫人死于开皇十七年，合葬于"□八年"，推测应为开皇十八年），方向偏向东北，为 205°，前有残斜坡墓道，残长 8.5 米。甬道砖砌，顶已残，长 1.25 米。墓室砖砌，顶残，平面呈弧边方形，内边长 3.8 ~ 3.9 米。

　　唐永徽四年（公元 653 年）至上元二年（公元 675 年）阿史那忠墓，因阿史那忠妻定襄县主死于永徽四年，葬于昭陵之下，阿史那忠死于上元二年，同年迁葬于昭陵。方向基本面南坐北，前有带 5 个天井 5 个过洞的长斜坡墓道，长 19 米，第 1、2、3 过洞为砖筑，第 4 天井两侧各有 1 小龛。甬道砖砌，平面呈长方形，顶残。墓室砖筑，平面近方形，边长 3.7 米，顶残。墓道、天井、过洞两壁均有壁画，自墓道口向内依次绘龙或虎、马、驼或牛车及步行仪卫。第 1 天井绘门戟，每侧 6 戟。第 1 过洞上方绘门楼建筑，其余天井、过洞两壁均绘男女侍从。门戟壁画从残缺处可

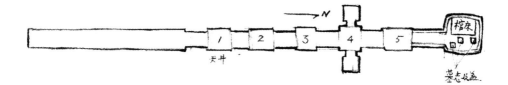

图 9-4　陕西西安唐阿史那忠墓平面示意图

看出有上下两重壁画，其他地方亦多处发现两重壁画，说明上元二年阿史那忠下葬时重绘过壁画，列戟 12 戟，也正与其死后赠镇军大将军、荆州大都督、上柱国官职相符。

　　唐光宅元年（公元 684 年）安元寿墓（夫人翟氏六娘，开元十五年合葬于安元寿墓内），方向大致面南坐北，方向 172°。前有带 5 个天井的长斜坡墓道，长 17 米。甬道平面长方形，前段为土洞，长 1.82 米；后段砌砖，长 2.15 米，在距甬道北口 1.35 米处设石门。墓室砖筑，有前后两室，中间以长 5.96 米的砖砌通道相连，前室平面近方形，穹隆顶，四壁微向外弧，边长 2.64~2.74 米；后室亦近方形，边长 4.1~4.4 米，顶已塌陷。墓内壁画残损较甚，仅第 5 过洞和甬道两侧尚有保存，均绘男、女侍从。

　　唐景龙三年（公元 709 年）安菩墓，方向 168°。墓道已遭破坏，可能为斜坡墓道。甬道土洞，顶残，前设石门，长 0.94 米。土洞墓室，弧顶，平面近方形，边长 2.95~3.55 米。

　　从上列诸墓例，可以清晰地看出，不论所葬死者原来的民族为何，不论是来自突厥，还是昭武九姓中的康国、安国、史国，或是还不知其处的

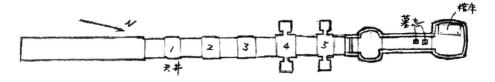

图 9-5　陕西西安唐安元寿墓平面示意图

"鱼国"，所有的墓葬形制均是北朝至唐时中国的典型样式，主要是前设带有天井和过洞的长斜坡墓道、设有石门的甬道、基本是方形的砖筑和土洞墓室；死者身分或官职较高的墓内绘有壁画，北周时规制不严，而到唐代规制严格，更是按官品绘制符合规制的画面，阿史那忠墓列戟图像是典型标本。在墓葬最重要的墓葬形制方面，丝毫看不到这些原来自西域的不同古代民族的死者，在构筑墓葬时显示出表明族属特征的任何暗示。这也表明，他们是怎样力图融入主体社会中去。

（二）从西域来华人士的葬具

如前所述，文献中记载的突厥及昭武九姓诸国死葬不具棺椁，也没有用任何石质葬具的记录。而且对尸体的处理，最后烧骨成灰，不存遗骸，自然地不需构筑宏大的墓室设置大型葬具。但前引诸墓例，除构筑宏大的中国样式的墓室外，还均安置有大型的石质葬具或棺椁，有的尸体还保存得颇完好。分述于下。

北周天和六年（公元571年）康业墓，在墓室内横设青石质的石床，床的左、后、右以石立屏围护。石床的床面呈长方形，长238、宽107、厚16厘米，下设5足，前沿3足蹲狮形，后沿2足靴形。石屏板共4块围成，后部2块，左右两侧各1块，宽与床面齐，高82~83.5厘米。屏面共线刻10幅屏板画，左右各2幅、后面6幅。画面内容此节从略，在后面详述。床上陈放康业尸体，仰身直肢，面朝上，头西足东，骨骸保存完好，所着丝绸衣物尚存。

北周大象元年（公元579年）安伽墓，在墓室内横设青石质的石床，床的左、后、右以石立屏围护。床面呈长方形，长2.28、宽1.03、厚0.14米。石床下沿与床足呈壶门状，前沿4足，后沿3足，前沿呈3个壶门，左右两侧各呈1个壶门，足高0.34米。石屏板共3块围成，左、后、右各1块，宽各与床面齐，高0.68米。屏面共浮雕12幅屏板画，左右两侧各3幅，后面6幅。画面内容此节从略。床上未见死者遗骨，而在甬道中墓志东侧和后部有杂乱的遗骨，局部遗有火烧烟熏痕，但无明显的动物牙齿咬痕，经鉴定属一老年男性个体，死亡时超过 50 岁。

北周大象二年（公元 580 年）史君墓，在墓室内横置歇山顶殿堂状石棺，面阔 5 间、进深 3 间，由屋顶、四壁和底座三部分构成，东西面阔 2.5、南北进深 1.55、通高 1.58 米。在南壁门楣上有汉文粟特文合璧题铭，石棺自铭"石堂"。石棺屋顶为一整石，四壁共用 12 块石板构成，底座以二石板拼合。石棺外壁满布浮雕图像，并施彩贴金，画面内容此节从略。内壁原绘壁画，现仅见朱砂分栏及图案残迹。因遭盗扰，在石棺内外有散乱骸骨，杂有人骨、兽骨，人骨可分辨出男女两个个体，无火烧痕迹。

隋开皇十二年（592 年）虞弘墓，在墓室内横置汉白玉质歇山顶殿堂状石棺，面阔 3 间，通高 2.17 米，由屋顶、四壁和底座三部分构成。屋顶由 3 块石材拼成，面阔 2.95、进深 2.2、高 0.51 米。四壁高 0.96 米，共用 9 石。底座由四块壁板组成边框，上架二石梁，其上再铺 6 块面板，座下有 8 个卧狮坐垫。在四壁外壁有浮雕和彩绘图像，内壁左、后、右壁有浮雕图像 7 幅，左右各 2 幅，后壁 3 幅。画面内容此节从略。因遭盗掘，人骨散于墓内各处，经鉴定分属男女两个个体。

唐永徽四年（公元 653 年）阿史那忠墓，在墓室西侧纵置砖砌棺床，正（东）侧壁砖刻壶门，长 3、宽 2.1、高 0.3 米。棺床上

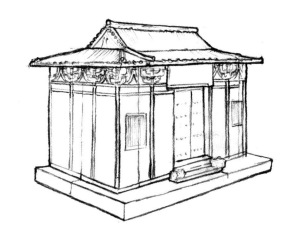

图 9-6　陕西西安北周史君墓
石棺（石堂）示意图

原安葬木棺，因遭盗扰，棺木已毁，仅余铁棺钉。

唐元宅元年（公元684年）安元寿墓，在该墓后室西侧纵置砖砌棺床，长2.7、宽1.8、高0.3米。棺床上原安葬木棺，因遭严重盗扰，仅余棺灰和零碎人骨。

唐景龙三年（公元709年）安菩墓，在墓室东、西两侧各纵置石条包边土棺床，各长2.4、宽约1.3、高0.35米。棺床上原均安葬木棺，但棺木已朽，仅余铁棺钉。尸骨已朽，但仍可看出头向朝南。

综上所述，唐以前葬仪规制不严格，所以多用石质葬具，有带围屏石床和殿堂形石棺各2例。入唐以后，全国一统，中央集权更盛，葬仪规制严格，使用石质葬具必须具有特殊身分，或皇帝特赐，因此所举三墓例均按规制筑棺床安葬木棺。

带围屏石床和殿堂形石棺，都属中国传统葬具。至迟在北朝早期，已在墓室内安置带围屏的石床，如北魏太和八年（公元484年）琅琊康王司马金龙墓（据墓内司马金龙夫人姬辰墓铭，姬辰死于延兴四年，公元474年，早司马金龙10年，应为该墓初建时间），在后室西侧纵置石棺床，由6块浅灰色细砂岩石板组成，即四侧各1块侧板，上平托2块床板，正（东）侧板雕纹精致，床下正侧有三足承托，浮雕作承托姿态的力士像，足间雕成壶门形状，床长2.14、宽1.33、高0.51米。原在石床三侧用漆画木屏风围护，因遭盗扰，木屏风已散乱，抛于墓内各处。木屏板较完好的尚存5块，高约0.8、宽约0.2、厚约2.5厘米。板面以朱漆为底色，上下分栏以彩漆绘图，并有黄底墨书榜题，绘图内容为列女孝子等故事，画风颇近传世东晋顾恺之画作摹本，明显是受江南绘画新风影响的作品。司马金龙系北逃的东晋皇族司马楚之嗣子，带围屏石床或亦为受南方影响之葬具。北朝时带围屏石棺床的围屏也用石材制作，图像改用浮雕或线刻。河南沁阳北朝晚期墓的墓室中，横置有石棺床，正面下设3足，形制沿袭司马金龙墓石床，床面上左、后、右围护由4块石材组成的屏风，屏面及床侧、床足分别线雕墓主画像及持如意、环首刀等物的男、女侍从，飞天、神兽、博山炉等图像。北周康业墓带围屏石棺床及围屏上线刻图像，正是沿袭司马金龙墓带围屏石棺床以来传统的中国式葬具。北周安伽墓带围屏石棺床，其形制及围屏屏板画的分栏布局，也是沿袭司马金龙墓带围屏石棺床以来传统的中国式葬具，但屏板画所用粉本应源于西来作品，但经中国化改造，有关情况将在后节详述。

殿堂形石棺，从其模拟的建筑物形制，从屋顶、斗拱、窗、门等形制，均为典型的中国建筑。自魏晋以来，北方墓葬多有殿堂形石棺出土。北京石景山八角村魏晋墓的屋形石棺，内壁彩绘墓主坐像、牛车、牛耕等图像，是其中年代较早的标本。进入北朝时期，至迟在北魏建都于平城（今山西大同）时期，墓葬中已使用殿堂形石棺，大同曹夫楼村北魏太和元年（公元477年）宋绍祖墓的殿堂形石棺，是其中较早的实物。还有缺乏纪年的大同智家堡北魏屋形石棺。宋绍祖墓殿堂形石棺，面阔3间、进深2间，前有由四檐柱上托一斗三升斗拱承托的前廊。石棺顶东西长3.48、南北长3.38米，石棺自底座至棺顶鸱尾通高2.34～2.4米。石棺外壁满饰乳钉和衔环铺首，内壁左、后、右壁都有壁画，可看到后壁绘高士弹琴画像。在棺内有倒凹形石床，上有两个陈尸的石灰枕。因墓遭盗扰，尸骨散见于棺顶及墓室内。与之近似的北魏屋形石雕，还有过去在洛阳被盗掘出土的永安二年（公元529年）宁懋石室。在北朝墓中，除石质的殿堂形棺外，也有的殿堂形棺用木材制作，可以说是一座微缩的木构建筑物，但由于易于腐朽，不如石质品能保存下来，只有山西寿阳贾家庄北齐库狄洛墓保存有殿堂形木椁残迹，经复原亦为面门阔3间、进深2间的歇山顶殿堂建筑形貌，其内置有内殓3人的木棺。迟至隋代的标本，有西安梁家庄发掘的大业四年（公元608年）李静训（李小孩）墓，墓室内中央纵置由17块青灰色石材构成的长方形石椁，椁内安置殿堂形石棺，长1.92、宽0.89、通高1.22米，由底座、四壁和棺盖组成，底座用整石板构成，四壁共用6石，棺盖用整石雕成九脊歇山顶，顶脊两端雕出鸱尾，中央雕宝珠。棺正面当心间雕两扇板门，左右次间雕直棂窗。左壁亦雕有门，门两侧各线雕男侍。右壁及后壁没有雕门。棺内壁原彩绘女侍及花卉图像，已残涃不清。李静训尸体安葬石棺内，头南足北。进入唐代，使用殿堂形石葬具的规制日益严格，一般官员也无权使用，故如安元寿为镇军大将军、上柱国，阿史那忠为右骁卫大将军赠荆州大都督、上柱国、薛国公，均获陪

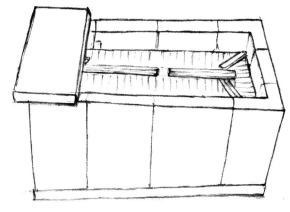

图9-7　陕西西安隋李静训（李小孩）墓石椁和石棺出土时情况示意图

葬昭陵，但不能使用石质葬具，只按常规在棺台上置木棺。

　　总之，上列西域来华人士的葬具形制，一概为中国传统的葬具，无任何域外色彩。

（三）西域来华人士的墓志或墓铭

　　在墓中放置墓志，盛于西晋，北朝时已形成较固定的规制，一般是方形志石，上覆盝顶志盖。这是中国特有的葬俗，自非西域来华人士所固有的礼俗。令人感兴趣的是上举西域来华人士的墓中均按当时葬仪习俗在墓中有用汉字书写的墓志或墓铭，而且康业、安伽、虞弘、阿史那忠、安元寿、安菩诸墓中所葬入的墓志，从形制到志文内容和写刻规范，完全按中国墓志通例。志文虽追述其祖先的国别和族属、家世，但志文中最强调的还是当时中国朝廷授予的官职，以之为荣。这足以显示他们融入中国主体社会的势头和期望。只有史君的墓铭有些特殊，设有采用中国墓志的规范形制，而是刻于殿堂形石棺正壁门楣上，并且是汉文粟特文合璧，是较多反映出对故国的回忆。除上述墓例外，其余地区发现的西域来华人士墓葬

中，同样放置中国规制的石墓志，宁夏固原发掘的隋唐时期的史射勿、史诃耽、史铁棒和史索岩、史道德两支来自史国的史氏墓地，五墓均有墓志，并有史索岩妻安娘墓志，均方形志石、盝顶志盖，汉字志文，志文并不强调其原来的国别族属，甚至籍贯只记在中国的居住地，而着重叙述在北朝隋唐的官阶地位。固原史氏家族诸墓的形制、壁画内容和葬具，皆依中国规制。此外，从过去被盗掘出土的唐代墓志的拓本中，人们也检出一些属昭武九姓康、安、石、米等国人士的墓志，在《从撒马尔干到长安》一书中即收录有近 30 方，可惜已无法得知这些志主的墓葬形制和葬具等情况，十分令人遗憾。

（四）西域来华人士石葬具图像学问题

发掘西域来华人士墓葬出土石葬具中，康业墓、安伽墓出土带围屏石棺床，史君墓、虞弘墓出土殿堂形石棺，都浮雕或阴线刻有图像。在这四人中，安伽、史君、虞弘生前均曾任萨保官职，康业原为康居国王后裔，出身最高，曾历任车骑大将军、大天主等职，但未任萨保（萨宝），或许因此其葬具图像与其余三个曾担任过萨保者不同，人物皆中国装，内容与通常北朝石葬具图像相同。而安伽、史君、虞弘诸墓石葬具图像则明显带有西域图像特征，但三墓显示的程度和特征又各不相同。

安伽墓的石棺床的围屏上的浮雕，共 12 立幅（左壁 3 幅、后壁 6 幅、右壁 3 幅），每幅画面多上下分为两栏，其内容在发掘报告中被认为是反映生活内容的图像，包括出行、狩猎、野宴、乐舞、家居宴饮、宾主相会、商旅等，所绘人物，从面貌须发看多胡人面貌，也有汉族面貌；服装多胡服，也有中华装束者。建筑物有帐篷穹幕，也有中国木构殿堂及小桥园林。可谓中西合璧。石床板侧则分栏内雕联珠纹圆环，环中雕各种动物头像，据云"与墓主人的宗教信仰有关"。床足均雕肩带羽焰的神兽。除石葬具雕刻的图像外，最富宗教色彩的图像雕在墓的石门额上，中央是三立驼背承仰覆莲形火坛，两侧各雕鸟体人躯祆教祭司及放祭品的三足

圆案。其上方各有持乐器供养的
飞天，鸟体祭司后下侧各跪一胡
装供养人。

史君墓殿堂形石棺表面雕刻
的图像，简报作者概括为"四臂
守护神、祆神、狩猎、宴饮、出
行、商队、祭祀和升天"。"雕刻
内容与风格带有十分明显的西域
色彩"。石棺前壁中央为两扇设4
列门钉的石门，门两侧各有地鬼
承托的四臂守护神立像，外侧各
雕直棂窗，窗以上雕坐姿伎乐，
窗以下各雕方形火坛、旁立鸟体
人躯祆教祭司。四臂神像明显不
是祆教神像。在左右两侧的画像
中，也有一些明显与祆教神像的
图像，如坐于莲台上有背光的老
者像、背生巨大翅膀的飞仙，带
翼的飞马，等等。都足以引起研
究者的重视，去探寻根源。

图 9-8　西域来华人士墓中
祆教火坛图像举例
1. 北周安伽墓火坛　2. 北周史君墓火坛
3. 隋虞弘墓火坛

虞弘墓殿堂形石棺的浮雕，将祆教火坛雕在前壁门的下面居中处，火
坛是下有覆碗形座，上有细柄承托的仰莲座，再上托两重仰莲瓣坛体，上
燃火焰。两侧各立有鸟体人躯祆教祭司。对于其余图像，或认为表现墓主
人坐帐宴饮观舞乐、乘马出行、乘驼骑象猎狮，还有酿酒的图像。但姜伯
勤考定图像全是祆教神祇，如以密特拉神为主审人员的"最后审判"、手
持石榴之密特拉神、二天神接引正信者入天国、张弓的胜利之神瓦赫拉

姆、草原部族与胜利之神、善的天国：宴乐图、与萨珊波斯阿胡拉·玛兹达神乘骑像的比较、飞鹅下的祖尔万神出行图、飞鹅下的祖尔万神接受供养图。但不论如何解读，我们观看虞弘石棺图像时，可以明显地看出波斯萨珊艺术的强烈影响。

　　上面所见三位曾任职萨宝的西域来华人士死后，为其办理丧事的家人为其中国式样的石葬具选用的装饰图像，分别用了完全不同的粉本，除祆教祭司形貌相同外，连火坛造型皆无共遵的规范，其余主体图像都互无关联。只能认为这些图像依据的粉本，各有各的来源，而且有的在雕造时经匠师改造，或重新组合，并在局部增入中国的图像因素。由于我们目前难以辨明其本源，也就不知道原粉本创作的真正时间，因此将某些图像认为是现实生活的写照，态度恐怕是不够严肃的。究其原因，恐怕所谓昭武九姓诸国合成一个文化同一的粟特民族的假定，是并不符合历史事实的。那些小的政权和居民，本来就没有统一的民族文化，也不是一说"粟特人"，就是祆教徒。即便都拜火，也不像世界著名的大宗教那样有成熟的系统宗教理论，以及规划的宗教仪轨。以致这些墓所雕出的圣火坛的样式，也五花八门，没有统一的规制。

　　综上所述，考古学所见西域来华人士的墓葬资料，其主流显示的是他们力图融入中华大家庭的势头，虽然一些被中国朝廷命为管宗教兼管社区民众的小官，还要在中国式葬具上依一些外来的粉本制作装饰图像，但是在墓葬形制、葬具规制、墓志设置等主体方面，都与中华文明保持一致。这也就是后来这些西域来华人士的后裔，迅速地完全融于多元一体的中华民族大家庭中的原因。

参考文献目录

说　明

1. 参考文献一，为综合参考文献。只收录专著。

2. 参考文献二至九，对应书中第二至九讲内容顺序列编，子目亦按内文顺序列编。以收录有关田野考古调查发掘报告和发掘简报为主，目的是提供检索书中所论及的考古遗迹和考古标本的基本资料。适当选取对有关考古遗迹和考古标本的复原论述，以及介绍有关考古标本的文章，借以补充考古报告提供的基本资料之不足。

3. 各节所列参考文献按出版年月先后排列。

4. 凡有正式发掘报告刊出，不再列入先前刊出的发掘简报。

一　综合参考

汤用彤：《汉魏两晋南北朝佛教史》，中华书局，1955 年。

中国科学院考古研究所：《新中国的考古收获》，文物出版社，1961 年。

刘敦桢主编：《中国古代建筑史》，中国建筑工业出版社，1980 年。

中国社会科学院考古研究所：《新中国的考古发现和研究》，文物出版社，1984 年。

王仲殊：《汉代考古学概说》，中华书局，1984 年。

中国大百科全书总编辑委员会《考古学》编辑委员会：《中国大百科全书·考古学》，中国社会科学出版社，1986 年。

杨泓：《美术考古半世纪——中国美术考古发现史》，文物出版社，1997 年。

宿白主编：《中华人民共和国重大考古发现（一九四九～一九九九）》，文物出版社，1999 年。

傅熹年主编：《中国古代建筑史》第二卷《两晋、南北朝、隋唐、五代建筑》，中国建筑工业出版社，2001 年。

杨泓：《中国古兵与美术考古论集》，文物出版社，2007 年。

杨泓、郑岩：《中国美术考古学概论》，中国社会科学出版社，2008 年。

国家文物局主编：《中国考古 60 年（1949～2009）》，文物出版社，2009 年。

宿白：《中国古建筑考古》，文物出版社，2009 年。

宿白：《汉唐宋元考古——中国考古学（下）》，文物出版社，2010 年。

中国社会科学院考古研究所：《中国考古学·秦汉卷》，中国社会科学出版社，2010 年。

徐光冀主编：《中国出土壁画全集》，科学出版社，2012 年。

二　汉代社会生活和埋葬制度

（一）汉长安城遗址

王仲殊：《汉长安城考古工作的初步收获》，《考古通讯》1957 年第 5 期 102～110 页。

王仲殊：《汉长安城考古工作收获续记——宣平门的发掘》，《考古通讯》1958 年第 4 期 23～32 页。

中国社会科学院考古研究所：《汉长安城未央宫——1980～1989 年》，中国大百科全书出版社，1996 年。

中国社会科学院考古研究所、日本奈良国立文化财研究所中日联合考古队：《汉长安城桂宫四号建筑遗址发掘简报》，《考古》2002 年第 1 期 3～15 页。

中国社会科学院考古研究所：《西汉礼制建筑遗址》，文物出版社，2003 年。

刘庆柱、李毓芳：《汉长安城》，文物出版社，2003 年。

中国社会科学院考古研究所汉长安城工作队：《汉长安城长乐宫二号建筑遗址发掘报告》，《考古学报》2004 年第 1 期 55～86 页。

中国社会科学院考古研究所：《汉长安城武库》，文物出版社，2005 年。

中国社会科学院考古研究所汉长安城工作队：《西安市汉长安城长乐宫四号建筑遗址》，《考古》2006 年第 10 期 30～39 页。

中国社会科学院考古研究所汉长安城工作队：《西安市汉唐昆明池遗址的钻探与试掘简报》，《考古》2006 年第 10 期 53～65 页。

中国社会科学院考古研究所汉长安城工作队：《西安汉长安城直城门遗址 2008 年发掘简报》，《考古》2009 年第 5 期 49～60 页。

中国社会科学院考古研究所、西安市文物保护考古研究院渭桥考古队：《西安市汉长安城北渭桥遗址》，《考古》2014 年第 7 期 34～47 页。

（二）汉雒阳（洛阳）城遗址

阎文儒：《洛阳汉魏隋唐城址勘察记》，《考古学报》第 9 册 117～136 页，1955 年。

中国科学院考古研究所洛阳工作队：《汉魏洛阳城初步勘查》，《考古》1973 年第 4 期 198～208 页。

中国社会科学院考古研究所洛阳工作队：《汉魏洛阳城南郊的灵台遗址》，《考古》1978 年第 1 期 54～57 页。

王仲殊：《汉魏洛阳城遗址》，《中国大百科全书·考古学》181～183 页，中国大百科全书出版社，1986 年。

中国社会科学院考古研究所：《汉魏洛阳故城南郊礼制建筑遗址——1962～1992 年考古发掘报告》，文物出版社，2010 年。

（三）汉代建筑和家具

重庆市博物馆：《重庆市博物馆藏四川汉画像砖选集》，文物出版社，1957 年。

云南省文物工作队：《云南昭通桂家院子东汉墓发掘》，《考古》1962 年第 8 期 395～399 页。

王世仁：《汉长安城南郊礼制建筑（大土门村遗址）原状的推测》，《考古》1963 年第 9 期 501～515 页。

曹桂岑：《河南郸城发现汉代石坐榻》，《考古》1965 年第 5 期 257～258 页。

秦都咸阳考古工作站：《秦都咸阳第一号宫殿建筑遗址简报》，《文物》1976 年第 11 期 12～24 转 41 页。

福建省博物馆：《崇安城村汉城探掘简报》，《文物》1985 年第 11 期 37～51 页。

扬州博物馆：《江苏仪征胥浦 101 号西汉墓》，《文物》1987 年第 1 期 1～19 页。

福建省博物馆、厦门大学人类学系考古专业：《崇安汉城北岗一号建筑遗址》，《考古学报》1990 年第 3 期 339～369 页。

傅熹年：《记顾铁符先生复原的马王堆三号墓帛书中的小城图》，《傅熹年建筑史论文集》462～470 页，文物出版社，1998 年。

三台县文化体育局、三台县文物管理所：《四川三台郪江崖墓群 2000 年度清理简报》，《文物》2002 年第 1 期 16～41 页。

河南省文物考古研究所、内黄县文物保护管理所：《河南内黄县三杨庄汉代庭院遗址》，《考古》2004 年第 7 期 34～37 页。

（四）汉代兵器

安徽省文物工作队、阜阳地区博物馆、阜阳县文化局：《阜阳双古堆西汉汝阴侯墓发掘简报》，《文物》1978 年第 8 期 12～31 页。

中国社会科学院考古研究所、河北省文物管理处：《满城汉墓发掘报告》，文物出版社，1980 年。

山东省菏泽地区汉墓发掘小组：《巨野红土山西汉墓》，《考古学报》1983 年第 4 期 471～499 页。

山东省淄博市博物馆：《西汉齐王墓随葬器物坑》，《考古学报》1985 年第 2 期 223～266 页。

广州市文物管理委员会、中国社会科学院考古研究所、广东省博物馆：《西汉南越王墓》，文物出版社，1991 年。

陕西省考古研究所汉陵考古队：《汉景帝阳陵南区从葬坑发掘第一号简报》，《文物》1992 年第 4 期 1～13 页。

陕西省考古研究所汉陵考古队：《汉景帝阳陵南区从葬坑发掘第二号简报》，《文物》1994 年第 6 期 4～23 页。

湖南省博物馆、湖南省文物考古研究所：《长沙马王堆二、三号汉墓（第一卷）》，文物出版社，2004 年。

四川省文物考古研究所、德阳市文物考古研究所、中江县文物保护管理所：《四川中江塔梁子崖墓发掘简报》，《文物》2004 年第 9 期 4～33 页。

（五）汉代墓葬制度

陕西省博物馆、陕西省文物管理委员会：《陕北东汉画象石刻选集》，文物出版社，1959 年。

大葆台汉墓发掘组、中国社会科学院考古研究所：《北京大葆台汉墓》，文物出版社，1989 年。

中国社会科学院考古研究所：《汉杜陵陵园遗址》，科学出版社，1993 年。

中国社会科学院考古研究所洛阳汉魏城队：《汉魏洛阳城西东汉墓园遗址》，《考古学报》1993 年第 3 期 351～380 页。

狮子山楚王陵考古发掘队：《徐州狮子山楚王陵发掘简报》，《文物》1998 年第 8 期 4～33 页。

（六）汉代墓室壁画

内藤宽、森修：《营城子》，[日] 刀江书社，1934 年。

梅原末治等：《朝鲜古文化综鉴》第二卷，[日] 养德社，1948 年。

北京历史博物馆、河北省文物管理委员会：《望都汉墓壁画》，中国古典艺术出版社，1955 年。

河南省文化局文物工作队：《洛阳西汉壁画墓发掘报告》，《考古学报》1964 年第 2 期 107～125 页。

洛阳博物馆：《洛阳西汉卜千秋壁画墓发掘简报》，《文物》1977 年第 6 期 1～12 页。

内蒙古自治区博物馆文物工作队：《和林格尔汉墓壁画》，文物出版社，1978 年。

洛阳博物馆：《洛阳金谷园新莽时期壁画墓》，《文物资料丛刊》第 9 集 163～173 页，1985 年 10 月。

陕西省考古研究所、西安交通大学：《西安交通大学西汉壁画墓》，西安交通大学出版社，1991 年。

洛阳市第二文物工作队：《洛阳偃师县新莽壁画墓清理简报》，《文物》1992 年第 12 期 1～8 页。

洛阳市第二文物工作队：《洛阳浅井头西汉壁画墓发掘简报》，《文物》1993 年第 5 期 1～16 页。

郑州市文物考古研究所、荥阳市文物保护管理所：《河南荥阳苌村汉代壁画墓调查》，《文物》1996 年第 3 期 18～27 页。

郑州历史文化丛书编纂委员会：《郑州古墓壁画精选》，香港国际出版社，1999 年。

河南省商丘市文物管理委员会、河南省文物考古研究所、河南省永城市文物管理委员会：《芒砀山西汉梁国王墓地》，文物出版社，2001 年。

《洛阳尹屯新莽壁画墓》，《2003 中国重要考古发现》99～103 页，文物出版社，2004 年。

倪克鲁：《大英博物馆收藏的一组汉代壁画》，《考古与文物》2004 年第 5 期 74～80 页。

沈天鹰：《洛阳出土一批汉代壁画空心砖》，《文物》2005 年第 3 期 76～80 页。

西安市文物保护考古所：《西安理工大学西汉壁画墓发掘简报》，《文物》2006 年第 5 期 7～44 页。

西安市文物保护考古所：《西安曲江翠竹园西汉壁画墓发掘简报》，《文物》2010 年第 1 期 26～39 页。

三　魏晋社会生活、埋葬制度和绘画

（一）邺北城遗址

俞伟超：《邺城调查记》，《考古》1963 年第 1 期 15 ~ 24 页

中国社会科学院考古研究所、河北省文物研究所邺城考古队：《河北临漳邺北城遗址勘探发掘简报》，《考古》1990 年第 7 期 595 ~ 600 页。

徐光冀：《曹魏邺北城的平面复原研究》，《中国考古学论丛——中国社会科学院考古研究所建所 40 年纪念》422 ~ 428 页，科学出版社，1993 年。

（二）三国、曹魏墓葬

洛阳市文物工作队：《洛阳曹魏正始八年墓发掘报告》，《考古》1989 年第 4 期 314 ~ 318 页。

甘肃省文物队、甘肃省博物馆、嘉峪关市文物管理所：《嘉峪关壁画墓发掘报告》，文物出版社，1985 年。

甘肃省文物考古研究所：《甘肃酒泉西沟村魏晋墓发掘报告》，《文物》1996 年第 7 期 4 ~ 38 页。

刘玉新：《山东省东阿县曹植墓的发掘》，《华夏考古》1999 年第 1 期 7 ~ 17 页。

石景山区文物管理所：《北京市石景山区八角村魏晋墓》，《文物》2001 年第 4 期 54 ~ 59 页。

河南省文物考古研究所：《曹操高陵考古发现与研究》，文物出版社，2010 年。

洛阳市第二文物工作队：《洛阳孟津大汉冢曹魏贵族墓》，《文物》2011 年第 9 期 32 ~ 47 页。

徐光冀：《"曹操高陵"的几个问题——河南安阳高陵读后》，《中国考古学会论文集（2011）》395 ~ 402 页，文物出版社，2012 年。

（三）三国、孙吴墓葬

武汉市文物管理委员会：《武昌任家湾六朝初期墓葬清理简报》，《文物参考资料》1955 年第 12 期 65 ~ 73 页。

江苏省文物管理委员会：《南京近郊六朝墓的清理》，《考古学报》1957 年第 1 期 187 ~ 191 页。

武汉市文物管理委员会：《武昌莲溪寺东吴墓清理简报》，《考古》1959 年第 4 期 189 ~ 190 页。

程欣人:《武汉出土的两块东吴铅券释文》,《考古》1965 年第 10 期 529 ~ 530 页。

鄂城县博物馆:《鄂城东吴孙将军墓》,《考古》1978 年第 3 期 164 ~ 167 转 163 页。

江西省历史博物馆:《江西南昌市东吴高荣墓的发掘》,《考古》1980 年第 3 期 219 ~ 228 页。

安徽省文物考古研究所、马鞍山市文化局:《安徽马鞍山东吴朱然墓发掘简报》,《文物》1986 年第 3 期 1 ~ 15 页。

南京市博物馆、南京市江宁区博物馆:《南京江宁上坊孙吴墓发掘简报》,《文物》2008 年第 12 期 4 ~ 34 页。

(四)西晋墓葬

河南省文化局文物工作队第二队:《洛阳晋墓的发掘》,《考古学报》1957 年第 1 期 169 ~ 185 页。

河南省文物工作队第一队:《河南郑州晋墓发掘记》,《考古通讯》1957 年第 1 期 37 ~ 41 页。

南京博物院:《江苏宜兴晋墓发掘报告——兼论出土的青瓷器》,《考古学报》1957 年第 4 期 83 ~ 105 页。

湖南省博物馆:《长沙两晋南朝墓发掘报告》,《考古学报》1959 年第 3 期 75 ~ 105 页。

蒋若是:《从"荀岳""左棻"两墓志中得到的晋陵线索和其他》,《文物》1961 年第 10 期 49 ~ 52 页。

河南省文物工作队、南阳市文物管理委员会:《河南南阳东关晋墓》,《考古》1963 年第 1 期 25 ~ 27 页。

北京市文物工作队:《北京西郊发现两座西晋墓》,《考古》1964 年第 4 期 209 ~ 212 页。

北京市文物工作队:《北京西郊西晋王浚妻华芳墓清理简报》,《文物》1965 年第 12 期 21 ~ 26 页。

南京博物院:《江苏宜兴晋墓的第二次发掘》,《考古》1977 年第 2 期 151 ~ 122 页。

甘肃省博物馆:《酒泉、嘉峪关晋墓的发掘》,《文物》1979 年第 6 期 1 ~ 17 页。

刘习祥、张英昭:《博爱县出土的晋代石柱》,《中原文物》1981 年第 1 期 63 页。

洛阳博物馆黄明兰:《西晋散骑常侍韩寿墓表跋》,《文物》1981 年第 1 期 65 ~ 67 页。

中国社会科学院考古研究所洛阳汉魏故城工作队:《西晋帝陵勘察记》,《考古》1984 年第 12 期 1096 ~ 1107 页。

安乡县文物管理所：《湖南安乡西晋刘弘墓》，《文物》1993 年第 11 期 1 ~ 12 页。

张掖地区文物管理办公室、高台县博物馆：《甘肃高台骆驼城画像砖墓调查》，《文物》1997 年第 12 期 44 ~ 51 页。

甘肃省文物考古研究所：《敦煌佛爷庙湾——西晋画像砖墓》，文物出版社，1998 年。

山东邹城市文物局：《山东邹城西晋刘宝墓》，《文物》2005 年第 1 期 4 ~ 26 页。

（五）东晋墓葬

南京市文物保管委员会：《南京老虎山晋墓》，《考古》1959 年第 6 期 288 ~ 295 页。

李蔚然：《南京富贵山发现晋恭帝玄宫石碣》，《考古》1961 年第 5 期 260 页。

云南省文物工作队：《云南省昭通后海子东晋壁画墓清理简报》，《文物》1963 年第 12 期 1 ~ 6 页。

南京市文物保管委员会：《南京人台山东晋兴之夫妇墓发掘报告》，《文物》1965 年第 6 期 26 ~ 33 页。

南京市文物保管委员会：《南京戚家山东晋谢鲲墓》，《文物》1965 年第 6 期 34 ~ 35 页。

南京市文物保管委员会：《南京象山东晋王丹虎墓和二、四号墓发掘简报》，《文物》1965 年第 10 期 29 ~ 45 页。

南京博物院：《南京富贵山东晋墓发掘报告》，《考古》1966 年第 4 期 197 ~ 204 页。

南京市博物馆：《南京象山 5 号、6 号、7 号墓清理简报》，《文物》1972 年第 11 期 23 ~ 41 页。

南京市博物馆：《南京南郊六朝谢琥墓》，《文物》1998 年第 5 期 4 ~ 14 页。

南京市博物馆：《南京象山 8 号、9 号、10 号墓发掘简报》，《文物》2000 年第 7 期 4 ~ 20 页。

南京市博物馆：《南京吕家山李氏家族墓》，《文物》2000 年第 7 期 21 ~ 35 页。

南京市博物馆、雨花区文化局：《南京司家山东晋、南朝谢氏家族墓》，《文物》2000 年第 7 期 36 ~ 49 页。

江西省文物考古研究所、南昌市博物馆：《南昌火车站东晋墓葬群发掘简报》，《文物》2001 年第 2 期 12 ~ 41 页。

南京市博物馆：《江苏南京仙鹤观东晋墓》，《文物》2001 年第 3 期 4 ~ 40 页。

南京市博物馆：《南京北郊东晋温峤墓》，《文物》2002 年第 7 期 19 ~ 33 页。

南京市博物馆：《南京象山 11 号墓发掘简报》，《文物》2002 年第 7 期 34 ~ 40 页。

（六）十六国时期墓葬

洪晴玉：《关于冬寿墓的发现和研究》，《考古》1959 年第 1 期 27 ~ 35 页。

陕西省文物管理委员会：《西安南郊草厂坡北朝墓的发掘》，《考古》1959 年第 6 期 285 ~ 287 页（该墓时代应属十六国时期）。

王承礼、韩淑华：《吉林辑安通沟第十二号高句丽壁画墓》，《考古》1964 年第 2 期 67 ~ 72 页。

吉林省博物馆辑安考古队：《吉林辑安麻线沟一号壁画墓》，《考古》1964 年第 10 期 520 ~ 528 页。

黎瑶渤：《辽宁北票县西官营子北燕冯素弗墓》，《文物》1973 年第 3 期 2 ~ 28 页。

中国社会科学院考古研究所安阳工作队：《安阳孝民屯晋墓发掘报告》，《考古》1983 年第 6 期 501 ~ 511 页。

辽宁省博物馆文物队、朝阳地区博物馆文物队、朝阳县文化馆：《朝阳袁台子东晋壁画墓》，《文物》1984 年第 6 期 29 ~ 45 页。

辽宁省文物考古研究所、朝阳市博物馆：《朝阳十二台乡砖厂 88M1 发掘简报》，《文物》1997 年第 11 期 19 ~ 32 页。

《辽宁北票喇嘛洞墓地》，《1998 中国重要考古发现》71 ~ 75 页，文物出版社，2000 年。

辽宁省文物考古研究所、朝阳市博物馆、北票市文物管理所：《辽宁北票喇嘛洞墓地1998 年发掘报告》，《考古学报》2004 年第 2 期 209 ~ 242 页。

咸阳市文物考古研究所：《咸阳平陵十六国墓清理简报》，《文物》2004 年第 8 期 4 ~ 28 页。

咸阳市文物考古研究所：《咸阳十六国墓》，文物出版社，2006 年。

四　南北朝社会生活

（一）北魏平城遗址

刘俊喜、张志忠：《平城考古获得新突破，大同发现北魏明堂辟雍遗址》，《中国文物报》1998 年 1 月 21 日。

王银田、曹臣明、韩生存：《山西大同市北魏平城明堂遗址 1995 年的发掘》，《考古》2001 年第 3 期 26 ~ 34 页。

《大同操场城大型建筑遗址》，《2003 中国重要考古发现》128 ~ 131 页，文物出版社，

2004 年。

（二）北魏洛阳遗址

中国社会科学院考古研究所汉魏城工作队：《北魏洛阳外郭城和水道的勘查》，《考古》1993 年第 7 期 602～608 页。

中国社会科学院考古研究所洛阳汉魏故城工作队：《北魏洛阳永宁寺——1979～1994 年考古发掘报告》，中国大百科全书出版社，1996 年。

中国社会科学院考古研究所洛阳汉魏故城队：《汉魏洛阳故城金墉城址发掘简报》，《考古》1999 年第 3 期 1～15 页。

中国社会科学院考古研究所洛阳汉魏故城队：《河南洛阳汉魏故城北魏宫城阊阖门遗址》，《考古》2003 年第 7 期 20～41 页。

钱国祥：《由阊阖门谈北魏洛阳城宫城形制》，《考古》2003 年第 7 期 53～63 页。

中国社会科学院考古研究所、日本独立行政法人国立文化财机构奈良文化财研究所联合考古队：《河南洛阳市汉魏故城新发现北魏宫城二号建筑遗址》，《考古》2009 年第 5 期 3～6 页。

中国社会科学院考古研究所汉魏故城队：《河南洛阳市北魏洛阳城津阳门内大道遗址发掘简报》，《考古》2009 年第 10 期 49～58 页。

中国社会科学院考古研究所、日本独立行政法人国立文化财机构奈良文化财研究所联合考古队：《河南洛阳市汉魏故城发现北魏宫城三号建筑遗址》，《考古》2010 年第 6 期 3～6 页。

中国社会科学院考古研究所、日本独立行政法人国立文化财机构奈良文化财研究所联合考古队：《河南洛阳市汉魏故城发现北魏宫城五号建筑遗址》，《考古》2012 年第 1 期 3～6 页。

中国社会科学院考古研究所、日本独立行政法人国立文化财机构奈良文化财研究所联合考古队：《河南洛阳市汉魏故城魏晋时期宫城西墙与河渠遗迹》，《考古》2013 年第 5 期 3～6 页。

（三）东魏北齐邺城遗址

中国社会科学院考古研究所、河北省文物研究所邺城考古工作队：《河北临漳县邺南城朱明门遗址的发掘》，《考古》1996 年第 1 期 1～9 页。

中国社会科学院考古研究所、河北省文物研究所邺城考古工作队：《河北临漳县邺南城朱明门遗址的发掘》，《考古》1997 年第 3 期 27～32 页。

中国社会科学院考古研究所、河北省文物研究所邺城考古队：《河北临漳县邺城遗址东魏北齐佛寺塔基的发现与发掘》，《考古》2003 年第 10 期 3~6 页。

朱岩石：《东魏北齐邺南城内城之研究》，《汉唐之间的视觉文化与物质文化》97~114 页，文物出版社，2003 年。

中国社会科学院考古研究所、河北省文物研究所邺城考古队：《河北临漳县邺城遗址赵彭城北朝佛寺遗址的勘探与发掘》，《考古》2010 年第 7 期 31~42 页。

中国社会科学院考古研究所、河北省文物研究所邺城考古队：《河北临漳县邺城遗址北吴庄佛教造像埋藏坑的发现与发掘》，《考古》2012 年第 4 期 3~6 页。

中国社会科学院考古研究所、河北省文物研究所邺城考古队：《河北邺城遗址赵彭城北朝佛寺与北吴庄佛教造像埋藏坑》，《考古》2013 年第 7 期 49~68 页。

中国社会科学院考古研究所、河北省文物研究所邺城考古队：《河北临漳县邺城遗址赵彭城北朝佛寺 2010~2011 年的发掘》，《考古》2013 年第 12 期 25~35 页。

（四）西魏北周长安城遗址

中国社会科学院考古研究所汉长安城工作队：《西安市十六国至北朝时期长安城宫城遗址的钻探与试掘》，《考古》2008 年第 9 期 25~35 页。

《十六国至北朝时期长安城宫城 2 号建筑（宫门）遗址发掘》，《2009 中国重要考古发现》132~135 页，文物出版社，2010 年。

（五）瓷器、玻璃器、金银器

王志敏：《从七个纪年墓葬漫谈 1955 年南京附近出土的孙吴两晋青瓷器》，《文物参考资料》1956 年第 11 期 8~14 页。

江苏省文物管理委员会：《南京近郊六朝墓的清理》，《考古学报》1957 年第 1 期 187~191 页。

浙江省文物管理委员会：《黄岩秀岭水库古墓发掘报告》，《考古学报》1958 年第 1 期 111~130 页。

周仁、李家治：《中国历代名窑陶瓷工艺的初步科学总结》，《考古学报》1960 年第 1 期 89~104 页。

浙江省文物管理委员会：《杭州晋兴宁二年墓发掘简报》，《考古》1961 年第 7 期 359~360 页。

河北省文化局文物工作队：《河北定县出土北魏石函》，《考古》1966 年第 5 期 252~259 页。

《无产阶级文化大革命期间出土文物展览简介·大同南郊北魏遗址》，《文物》1972 年第 1 期 83～84 页。

浙江省文物考古所、上虞县文化馆：《浙江上虞县发现的东汉窑址》，《文物》1981 年第 10 期 33～35 页。

李家治：《我国瓷器出现时期的研究》，《中国古陶瓷论文集》，文物出版社，1982 年。

朱伯谦：《三国两晋南北朝的陶瓷》第二节，《中国陶瓷史》152～156 页，文物出版社，1982 年。

郭演仪等：《中国历代南北方青瓷的研究》，《中国古陶瓷论文集》，文物出版社，1982 年。

夏鼐：《北魏封和突墓出土萨珊银盘考》，《文物》1983 年第 8 期 5～7 页。

安家瑶：《中国的早期玻璃器皿》，《考古学报》1984 年第 4 期 413～448 页。

李德金：《古代瓷窑遗址的调查和发掘》，《新中国的考古发现和研究》634～646 页，文物出版社，1984 年。

山东淄博陶瓷史编写组等：《山东淄博寨里北朝青瓷窑址调查记要》，《中国古代窑址调查发掘报告集》352～359 页，文物出版社，1984 年。

安家瑶：《北周李贤墓出土的玻璃碗——萨珊玻璃的发现与研究》，《考古》1986 年第 2 期 173～181 页。

遂溪县博物馆：《广东遂溪发现南朝窖藏金银器》，《考古》1986 年第 3 期 243～246 页。

易家胜：《南京出土的六朝早期青瓷釉下彩盘口壶》，《文物》1988 年第 6 期 72～75 页。

初世宾：《甘肃靖远新出东罗马鎏金银盘考略》，《文物》1990 年第 5 期 1～9 页。

中国社会科学院考古研究所洛阳汉魏城队：《北魏洛阳城内出土的瓷器与釉陶器》，《考古》1991 年第 12 期 1090～1095 页。

山西省考古研究所、大同博物馆：《大同南郊北魏墓群发掘简报》，《文物》1992 年第 8 期 1～11 页。

五 南朝陵墓石刻、画像砖和拼镶砖画

（一）陵墓石刻

罗宗真：《六朝陵墓及其石刻》，《南京博物院集刊》第 1 集 79～98 页，1979 年。

罗宗真：《六朝陵墓埋葬制度综述》，《中国考古学会第一次年会论文集（1979）》358~366页，文物出版社，1980年。

姚迁、古兵：《六朝艺术》，文物出版社，1981年。

南京市文物研究所、南京栖霞区文化局：《南京梁南平王萧伟墓阙发掘简报》，《文物》2002年第7期59~71页。

（二）南朝墓拼镶砖画

南京市文物保管委员会：《南京六朝墓清理简报》，《考古》1959年第5期231~23页。

南京博物院、南京市文物保管委员会：《南京西善桥南朝墓及其砖刻壁画》，《文物》1960年第8、9期合刊37~42页。

罗宗真：《南京西善桥油坊村南朝大墓的发掘》，《考古》1963年第6期291~300转290页。

南京博物院：《江苏丹阳胡桥南朝大墓及砖刻壁画》，《文物》1974年第2期44~56页。

林树中：《江苏丹阳南齐陵墓砖印壁画探讨》，《文物》1977年第1期65页。

常州市博物馆：《常州南郊戚家村画像砖墓》，《文物》1979年第3期32~41页。

南京博物院：《江苏丹阳县胡桥、建山两座南朝墓葬》，《文物》1980年第2期1~17页。

常州市博物馆、武进县博物馆：《江苏常州南郊画像、花纹砖墓》，《考古》1994年第12期1097~1103页。

（三）南朝画像砖墓

河南省文化局文物工作队：《邓县彩色画象砖墓》，文物出版社，1958年。

福建省博物馆：《福建闽侯南屿南朝墓》，《考古》1980年第1期59~65页。

襄樊市文物管理处：《襄阳贾家冲画像砖墓》，《江汉考古》1986年第1期16~33页。

襄樊市考古队、谷城县博物馆：《湖北谷城县肖家营墓地》，《考古》2006年第11期15~37页。

南京市博物馆、雨花台区文化广播电视局：《南京市雨花台区南朝画像砖墓》，《考古》2008年第6期43~50页。

杭州市文物考古研究所、余杭博物馆：《浙江余杭小横山南朝画像砖墓M109发掘简报》，《文物》2013年第5期47~59页。

谷城县博物馆：《湖北谷城六朝画像砖墓发掘简报》，《文物》2013 年第 7 期 26 ~ 37 页。

六　北朝墓室壁画

（一）平城时期北魏墓

山西省大同市博物馆、山西省文物工作委员会：《山西大同石家寨北魏司马金龙墓》，《文物》1972 年第 3 期 20 ~ 33 页。

大同市博物馆、山西省文物工作委员会：《大同方山北魏永固陵》，《文物》1978 年第 7 期 29 ~ 35 页。

宁夏固原博物馆：《固原北魏墓漆棺画》，宁夏人民出版社，1988 年。

王大方：《内蒙古首次发现北魏大型砖室墓葬壁画》，《中国文物报》1993 年 11 月 28 日

山西省考古研究所、大同市考古研究所：《大同市北魏宋绍祖墓发掘简报》，《文物》2001 年第 7 期 19 ~ 39 页。

王银田、刘俊喜：《大同智家堡北魏石椁壁画》，《文物》2001 年第 7 期 40 ~ 51 页。

刘俊喜、高峰：《大同智家堡北魏墓棺板画》，《文物》2004 年第 12 期 35 ~ 47 页。

山西省大同市考古研究所：《大同湖东北魏一号墓》，《文物》2004 年第 12 期 26 ~ 34 页。

大同市考古研究所：《山西大同沙岭北魏壁画墓》，《文物》2006 年第 10 期 4 ~ 24 页。

大同市考古研究所：《山西大同迎宾大道北魏墓群》，《文物》2006 年第 10 期 50 ~ 71 页。

山西大学历史文化学院、山西省考古研究所、大同市博物馆：《大同南郊北魏墓群》，科学出版社，2006 年。

大同市考古研究所：《大同雁北师院北魏墓群》，文物出版社，2008 年。

大同市考古研究所：《山西大同南郊区田村北魏墓发掘简报》，《文物》2010 年第 5 期 4 ~ 18 页。

怀仁县文物管理所：《山西怀仁北魏丹扬王墓及花纹砖》，《文物》2010 年第 5 期 19 ~ 26 页。

《大同南郊北魏墓考古新发现》，《2009 中国重要考古发现》106 ~ 111 页，文物出版社，2010 年。

大同市考古研究所：《山西大同云波里路北魏壁画墓发掘简报》，《文物》2011 年第 12 期 13 ~ 25 页。

大同市考古研究所：《山西大同文瀛路北魏壁画墓发掘简报》，《文物》2011 年第 12 期 26 ~ 36 转 60 页。

（二）洛阳时期北魏墓

洛阳博物馆：《北魏元邵墓》，《考古》1973 年第 4 期 218 ~ 224 转 243 页。

洛阳博物馆：《河南洛阳北魏元乂墓调查》，《文物》1974 年第 12 期 53 ~ 55 页。

河北省文管处：《河北景县北魏高氏墓发掘简报》，《文物》1979 年第 3 期 17 ~ 31 页。

洛阳博物馆：《洛阳北魏画象石棺》，《考古》1980 年第 3 期 229 ~ 241 页。

黄明兰：《西晋裴祇墓和北魏元暐墓拾零》，《文物》1982 年第 1 期 70 ~ 73 页。

马玉基：《大同市小站村花圪塔台北魏墓清理简报》，《文物》1983 年第 8 期 1 ~ 4 页。

固原县文物工作站：《宁夏固原北魏墓清理简报》，《文物》1984 年第 6 期 46 ~ 56 页。

黄明兰：《洛阳北魏世俗石刻线画集》，人民美术出版社，1987 年。

宁夏固原博物馆：《固原北魏墓漆棺画》，宁夏人民出版社，1988 年。

寿光县博物馆：《山东寿光北魏贾思伯墓》，《文物》1992 年第 8 期 15 ~ 19 页。

中国社会科学院考古研究所汉魏洛阳城队、洛阳古墓博物馆：《北魏宣武帝景陵发掘报告》，《考古》1994 年第 9 期 801 ~ 814 页。

洛阳市文物工作队：《洛阳孟津北陈村北魏壁画墓》，《文物》1995 年第 8 期 26 ~ 35 页。

徐婵菲：《洛阳北魏元怿墓壁画》，《文物》2002 年第 2 期 89 ~ 92 页。

山西省考古研究所、大同市考古研究所：《山西大同市大同县陈庄北魏墓发掘简报》，《文物》2011 年第 12 期 37 ~ 46 页。

（三）东魏北齐墓葬

河北省文物管理委员会：《河北磁县讲武城古墓清理简报》，《考古》1959 年第 1 期 24 ~ 26 页。

安阳县文教局：《河南安阳县清理一座北齐墓》，《考古》1973 年第 2 期 90 ~ 91 页。

石家庄地区革委会文化局文物发掘组：《河北赞皇李希宗墓》，《考古》1977 年第 6 期 382 ~ 390 页。

磁县文化馆：《河北磁县东陈村东魏墓》，《考古》1977 年第 6 期 391 ~ 400 页。

磁县文化馆：《河北磁县北齐高润墓》，《考古》1979 年第 3 期 235 ~ 243 页。

王克林：《北齐库狄迴洛墓》，《考古学报》1979 年第 3 期 377～402 页。

山东省文物考古研究所：《临淄北朝崔氏墓》，《考古学报》1984 年第 2 期 221～244 页。

磁县文化馆：《河北磁县东魏茹茹公主墓发掘简报》，《文物》1984 年第 4 期 1～9 页。

磁县文化馆：《河北磁县东陈村北齐尧峻墓》，《文物》1984 年第 4 期 12～22 页。

济南市博物馆：《济南市马家庄北齐墓》，《文物》1985 年第 10 期 42～48 页。

山东省文物考古研究所：《济南市东八里洼北朝壁画墓》，《文物》1989 年第 4 期 67～78 页。

山西省考古研究所、太原市文物管理委员会：《太原南郊北齐壁画墓》，《文物》1990 年第 12 期 1～10 页。

马忠理：《磁县北朝墓群——东魏北齐陵墓兆域考》，《文物》1994 年第 11 期 56～67 页。

临朐县博物馆：《北齐崔芬壁画墓》，文物出版社，2002 年。

中国社会科学院考古研究所、河北省文物研究所：《磁县湾漳北朝壁画墓》，科学出版社，2003 年。

山西省考古研究所、太原市文物考古研究所：《太原北齐徐显秀墓发掘简报》，《文物》2003 年第 10 期 4～40 页。

山西省考古研究所、太原市文物考古研究所：《北齐东安王娄睿墓》，文物出版社，2006 年。

中国社会科学院考古研究所河北工作队：《河北磁县北朝墓群发现东魏皇族元祜墓》，《考古》2007 年第 11 期 3～6 页。

河南省文物管理局南水北调文物保护办公室、河南省文物考古研究所：《河南安阳市固岸墓地Ⅱ区 51 号东魏墓》，《考古》2008 年第 5 期 49～58 页。

山西省考古研究所、山西博物院、朔州市文物局、崇福寺文物管理所：《山西朔州水泉梁北齐壁画墓发掘简报》，《文物》2010 年第 12 期 26～42 页。

九原岗墓群考古队：《山西忻州九原岗北朝壁画墓发掘取得重要成果》，《中国文物报》2014 年 1 月 10 日 1 版。

（四）西魏北周墓葬

宁夏回族自治区博物馆、宁夏固原博物馆：《宁夏固原北周李贤夫妇墓发掘简报》，《文物》1985 年第 11 期 1～20 页。

负安志：《中国北周珍贵文物》，陕西人民美术出版社，1992 年。

宁夏文物考古所固原工作站：《固原北周宇文猛墓发掘简报》，《宁夏考古文集》134～147
转 216 页，宁夏人民出版社，1996 年。

陕西省考古研究所、咸阳市考古研究所：《北周武帝孝陵发掘简报》，《考古与文物》
1997 年第 2 期 8～28 页。

原州联合考古队：《北周田弘墓》，文物出版社，2009 年。

七　汉魏南北朝佛教遗迹

（一）佛教初传中国

曾昭燏、蒋宝庚、黎忠义：《沂南古画像石墓发掘报告》，文化部文物管理局，
1956 年。

湖北省文物管理委员会：《武昌莲溪寺东吴墓清理简报》，《考古》1959 年第 4 期
190 页。

内蒙古自治区博物馆文物工作队：《和林格尔汉墓壁画》，文物出版社，1978 年。

乐山市文化局：《四川乐山麻浩一号崖墓》，《考古》1990 年第 2 期 111～115 转
122 页。

南京博物院：《四川彭山汉代崖墓》，文物出版社，1991 年。

绵阳博物馆何志国：《四川绵阳何家山 1 号东汉崖墓清理简报》，《文物》1991 年第 3
期 1～8 页。

国家文物局教育处：《佛教石窟寺考古概要》第二编《印度与中亚》，文物出版社，
1993 年。

湖北省文物考古研究所、鄂州市博物馆：《湖北鄂州市塘角头六朝墓》，《考古》1996
年第 11 期 1～27 页。

李崇峰：《西印度塔庙窟的分期与年代》，《宿白先生八秩华诞纪念文集》681～738
页，文物出版社，2002 年。

荣新江：《陆路还是海路——佛教传入汉代中国的途径与流行区域研究述评》，《北大
史学》9，北京大学出版社，2003 年。

襄樊市文物考古研究所：《湖北襄樊樊城菜越三国墓发掘报告》，《考古学报》2013 年
第 3 期 391～430 页。

（二）中国石窟寺院

史岩：《凉州天梯山石窟的现存情况和保存问题》，《文物参考资料》1955 年第 2 期 76～96 页。

向达：《西征小记——瓜沙谈往之一》，《唐代长安与西域文明》337～372 页，三联书店，1957 年。

甘肃省文物工作队：《调查炳灵寺石窟的新收获第二次调查（1963 年）简报》，《文物》1963 年第 10 期 1～6 页。

山西省文物管理委员会、山西云冈石窟文物保管所：《云冈石窟》，文物出版社，1977 年。

《中国石窟·克孜尔石窟（一）、（二）》，文物出版社，1990 年。

邯郸市峰峰矿区文管所、北京大学考古实习队：《南响堂山石窟新发现窟檐遗迹及龛像》，《文物》1992 年第 5 期 1～15 页。

林蔚：《栖霞山千佛崖第 13 窟的新发现》，《文物》1996 年第 4 期 32～36 页。

北京大学考古学系、克孜尔千佛洞文物保管所：《新疆克孜尔石窟考古报告（第一卷）》，文物出版社，1997 年。

敦煌研究院、甘肃省博物馆：《武威天梯山石窟》，文物出版社，2000 年。

李裕群、李钢：《天龙山石窟》，科学出版社，2003 年。

（三）佛寺遗址

大同市博物馆：《大同北魏方山思远佛寺遗址发掘报告》，《文物》2007 年第 4 期 4～26 页。

中国社会科学院考古研究所边疆考古研究中心、山西省考古研究所、太原市文物考古研究所：《太原市龙山童子寺遗址发掘简报》，《考古》2010 年第 7 期 43～56 页。

中国社会科学院考古研究所、中共策勒县委、策勒县人民政府：《策勒达玛沟——佛法汇集之地》，〔香港〕大成图书有限公司，2012 年。

（四）佛寺遗迹造像埋藏坑的发掘

冯汉骥：《成都万佛寺石刻造像》，《文物参考资料》1954 年第 9 期 110～112 页。

罗福颐：《河北曲阳县出土石像清理工作简报》，《考古通讯》1955 年第 3 期 34～38 页。

杨伯达：《曲阳修德寺出土纪年造象的艺术风格与特征》，《故宫博物院院刊》总 2 期 43～60 页，1960 年。

程纪中：《河北藁城县发现一批北齐石造像》，《考古》1980 年第 3 期 242~245 页。

袁曙光：《四川茂汶南齐永明造像碑及有关问题》，《文物》1992 年第 2 期 67~71 页。

西安市文物局：《西安北郊出土北周白石观音造像》，《文物》1997 年第 11 期 78~79 页。

山东省青州市博物馆：《青州龙兴寺佛教造像窖藏清理简报》，《文物》1998 年第 2 期 4~15 页。

成都市文物考古工作队、成都市文物考古研究所：《成都市西安路南朝石刻造像清理简报》，《文物》1998 年第 11 期 4~20 页。

赵立光、裴建平：《西安市东郊出土北周佛立像》，《文物》2005 年第 9 期 76~90 页。

张肖马、雷玉华：《成都市商业街南朝石刻造像》，《文物》2001 年第 10 期 4~18 页。

袁曙光：《四川省博物馆藏万佛寺石刻造像整理简报》，《文物》2001 年第 10 期 19~37 页。

中国社会科学院考古研究所：《古都遗珍——长安城出土的北周佛教造像》，文物出版社，2010 年。

四川博物院、成都文物考古研究所、四川大学博物馆：《四川出土南朝佛教造像》，中华书局，2013 年。

八 隋唐社会生活和埋葬制度

（一）唐长安城

陕西省文物管理委员会：《唐长安城地基初步探测》，《考古学报》1958 年第 3 期 79~94 页。

马得志：《唐长安兴庆宫发掘记》，《考古》1959 年第 10 期 549~558 页。

中国科学院考古研究所：《唐长安大明宫》，科学出版社，1959 年。

中国科学院考古研究所资料室：《中国科学院考古研究所 1960 年田野工作的主要收获》，《考古》1961 年第 4 期 214~218 页。

中国科学院考古研究所西安唐城发掘队：《唐长安城西市遗址发掘》，《考古》1961 年第 5 期 248~250 页。

马得志：《1959~1960 年唐大明宫发掘简报》，《考古》1961 年第 7 期 341~344 页。

中国科学院考古研究所西安唐城发掘队：《唐青龙寺遗址踏查记略》，《考古》1964 年第 7 期 346~348 页。

中国科学院考古研究所西安工作队：《唐青龙寺遗址发掘简报》，《考古》1974 年第 5 期 322 ~ 327 页。

马得志：《隋大兴唐长安城遗址》，《中国大百科全书·考古学》496 ~ 499 页，中国大百科全书出版社，1986 年。

马得志：《唐长安城发掘新收获》，《考古》1987 年第 4 期 329 ~ 336 页。

中国社会科学院考古研究所西安唐城工作队：《唐长安皇城含光门遗址发掘简报》，《考古》1987 年第 5 期 441 ~ 448 转 480 页。

中国社会科学院考古研究所西安唐城工作队：《陕西唐大明宫含耀门遗址发掘记》，《考古》1988 年第 11 期 998 ~ 1001 页。

中国社会科学院考古研究所西安唐城队：《唐长安青龙寺遗址》，《考古学报》1989 年第 2 期 231 ~ 262 页。

中国社会科学院考古研究所西安唐城工作队：《唐长安城安定坊发掘记》，《考古》1989 年第 4 期 319 ~ 323 页。

中国社会科学院考古研究所西安唐城工作队：《唐长安西明寺遗址发掘报告》，《考古》1990 年第 1 期 45 ~ 55 页。

中国社会科学院考古研究所西安唐城工作队：《陕西西安唐长安城圜丘遗址的发掘》，《考古》2000 年第 7 期 29 ~ 47 页。

中国社会科学院考古研究所、日本独立行政法人文化财研究所奈良文化财研究所联合考古队：《唐长安城大明宫太液池遗址发掘简报》，《考古》2003 年第 11 期 7 ~ 26 页。

中国社会科学院考古研究所、日本独立行政法人文化财研究所奈良文化财研究所联合考古队：《唐长安城大明宫太液池遗址考古新收获》，《考古》2003 年第 11 期 3 ~ 6 页。

中国社会科学院考古研究所、日本独立行政法人文化财研究所奈良文化财研究所联合考古队：《西安唐大明宫太液池南岸遗址发现大型廊院建筑遗存》，《考古》2004 年第 9 期 3 ~ 6 页。

（二）唐东都洛阳城

中国科学院考古研究所洛阳发掘队：《隋唐东都城址的勘察和发掘》，《考古》1961 年第 3 期 127 ~ 135 页。

中国社会科学院考古研究所洛阳工作队：《"隋唐东都城址的勘察和发掘"续记》，《考古》1978 年第 6 期 261 ~ 379 页；

陈久恒：《隋唐洛阳城遗址》，《中国大百科全书·考古学》505 ~ 507 页，中国大百科出版社，1986 年。

洛阳市文物工作队：《隋唐东都应天门遗址发掘简报》，《中原文物》1988 年第 3 期 22 ~ 24 页。

中国社会科学院考古研究所洛阳唐城队：《唐东都武则天明堂遗址发掘简报》，《考古》1988 年第 3 期 227 ~ 330 页。

中国社会科学院考古研究所洛阳唐城队：《洛阳隋唐东都城 1982 ~ 1986 年考古工作纪要》，《考古》1989 年第 3 期 234 ~ 250 页。

中国社会科学院考古研究所洛阳唐城队：《隋唐洛阳考古又获重大成果——宫城应天门东阙遗址重见天日》，《中国文物报》1991 年 1 月 20 日。

中国社会科学院考古研究所洛阳唐城队：《洛阳唐东都履道坊白居易故居发掘简报》，《考古》1994 年第 8 期 692 ~ 701 页。

中国社会科学院考古研究所洛阳唐城队：《隋唐洛阳城永通门遗址发掘简报》，《考古》1997 年第 12 期 44 ~ 49 页。

中国社会科学院考古研究所洛阳唐城工作队：《洛阳唐东都圆璧城南门遗址发掘简报》，《考古》2000 年第 5 期 34 ~ 38 页。

中国社会科学院考古研究所洛阳唐城队：《河南洛阳隋唐城宣仁门遗址的发掘》，《考古》2000 年第 11 期 42 ~ 48 页。

中国社会科学院考古研究所洛阳唐城队：《隋唐洛阳城城垣 1995 ~ 1997 年发掘简报》，《考古》2003 年第 3 期 47 ~ 55 页。

中国社会科学院考古研究所洛阳唐城队、洛阳市文物工作队：《定鼎门遗址发掘报告》，《考古学报》2004 年第 1 期 87 ~ 130 页。

（三）唐代建筑和家具

梁思成：《记五台山佛光寺的建筑》，《文物参考资料》1953 年第 5、6 期 76 ~ 121 页。

祁英涛：《两年来山西省新发现的古建筑·壹·五台县南禅寺》，《文物参考资料》1954 年第 11 期 37 页。

陕西省文物管理委员会：《西安王家坟村第 90 号唐墓清理简报》，《文物参考资料》1956 年第 8 期 31 ~ 32 页。

贺梓城：《唐墓壁画》，《文物》1959 年第 8 期 31 ~ 32 页。

祁英涛、柴泽俊：《南禅寺大殿修复》，《文物》1980 年第 11 期 61 ~ 75 页。

中国历代艺术编辑委员会编：《中国历代艺术绘画编（上）》，人民美术出版社，

1994 年。

　　陕西省博物馆编：《隋唐文化》，学林出版社，1997 年。

　　（四）陵墓石刻

　　陕西省考古研究所：《唐顺陵勘查记》，《文物》1964 年第 1 期 34 ~ 39 页。

　　贺梓城：《"关中唐十八陵"调查记》，《文物资料丛刊》第 3 期 53 ~ 60 页。

　　若是：《唐恭陵调查纪要》，《文物》1985 年第 3 期 43 ~ 45 页。

　　中国科学院考古研究所河南第二工作队、河南省偃师县文物管理委员会：《唐恭陵实测纪要》，《考古》1986 年第 5 期 458 ~ 462 页。

　　刘庆柱、李毓芳：《陕西唐陵调查报告》，《考古学集刊》第 5 集 216 ~ 263 页，1987 年。

　　西安碑林博物馆编：《西安碑林博物馆》，陕西人民出版社，2000 年。

　　《陕西礼泉唐太宗昭陵北司马门遗址》，《2003 中国重要考古发现》140 ~ 146 页，文物出版社，2004 年。

　　（五）唐、五代墓壁画

　　陕西考古所唐墓工作组：《西安东郊唐苏思勖墓清理简报》，《考古》1960 年第 1 期 30 ~ 36 页。

　　广东省文物管理委员会、华南师范学院历史系：《唐代张九龄墓发掘简报》，《文物》1961 年第 6 期 45 ~ 51 页。

　　陕西省文物管理委员会：《唐永泰公主墓发掘简报》，《文物》1964 年第 1 期 7 ~ 33 页。

　　陕西省博物馆、乾县文教局唐墓发掘组：《唐章怀太子墓发掘简报》，《文物》1972 年第 7 期 13 ~ 25 页。

　　陕西省博物馆、乾县文教局唐墓发掘组：《唐懿德太子墓发掘简报》，《文物》1972 年第 7 期 26 ~ 32 页。

　　陕西省博物馆、文管会：《唐李寿墓发掘简报》，《文物》1974 年第 9 期 71 ~ 88 转 61 页。

　　高仲达：《唐嗣濮王李欣墓发掘简报》，《江汉考古》1980 年第 2 期 91 ~ 92 页。

　　湖北省博物馆、郧县博物馆：《湖北郧县唐李徽、阎婉墓发掘简报》，《文物》1987 年第 8 期 30 ~ 42 页。

　　昭陵博物馆：《唐昭陵长乐公主墓》，《文博》1988 年第 3 期 10 ~ 30 页。

北京市海淀区文物管理所：《北京海淀区八里庄唐墓》，《文物》1995 年第 11 期 45 ~ 53 页。

洛阳市文物工作队：《唐睿宗贵妃豆卢氏墓发掘简报》，《文物》1995 年第 8 期 37 ~ 51 页。

河北省文物研究所、保定市文物管理处：《五代王处直墓》，文物出版社，1998 年。

陕西省考古研究所：《陕西新出土唐墓壁画》，重庆出版社，1998 年。

陕西省考古研究所、陕西历史博物馆、礼泉县昭陵博物馆：《唐新城长公主墓发掘报告》，科学出版社，2004 年。

九 从西域来华人士墓葬

陕西省文物管理委员会：《西安发现晚唐袄教徒的汉、婆罗钵文合璧墓志——唐苏谅妻马氏墓志》，《考古》1964 年第 9 期 458 页。

作铭：《唐苏谅妻马氏墓志跋》，《考古》1964 年第 9 期 458 ~ 461 页。

陕西省文物管理委员会、礼泉县昭陵文管所：《唐阿史那忠墓发掘简报》，《考古》1977 年第 2 期 132 ~ 138 转 80 页。

中国社会科学院考古研究所：《唐长安城郊区隋唐墓》，文物出版社，1980 年。

洛阳市文物工作队：《洛阳龙门唐安菩夫妇墓》，《中原文物》1982 年第 3 期 21 ~ 26 转 14 页。

邓宏里、蔡全法：《沁阳县西向发现北朝墓及画像石棺床》，《中原文物》1983 年第 1 期 412 页。

昭陵博物馆：《唐安元寿夫妇墓发掘简报》，《文物》1988 年第 12 期 37 ~ 49 页。

罗丰：《固原南郊隋唐墓地》，文物出版社，1996 年。

陕西省考古研究所：《西安北周安伽墓》，文物出版社，2003 年。

《从撒马尔干到长安——粟特人在中国的文化遗迹》，北京图书馆出版社，2004 年。

山西省考古研究所、太原市考古研究所、太原市晋源区文物旅游局：《太原隋虞弘墓》，文物出版社，2005 年。

《西安北郊北周李诞墓》，《2005 中国重要考古发现》123 ~ 128 页，文物出版社，2006 年。

西安市文物保护考古研究所：《西安北周康业墓发掘简报》，《文物》2008 年第 6 期 14 ~ 35 页。

西安市文物保护考古研究院：《北周史君墓》，文物出版社，2014 年。

后 记

　　承蒙文物出版社的盛情，《中国汉唐考古学九讲》即将面市。正如在前言中所述，这本讲义，是准备向大学本科不是学习考古学的博士研究生讲授的。

　　从上世纪 80 年代，我开始给中国社会科学院研究生院考古系的研究生讲授三国两晋南北朝考古专题课。当我自己负责培养博士研究生以后，更是将三国两晋南北朝考古扩展成汉唐考古学讲授，作为博士生的主课。后来又承担了培养外国的和中国大陆以外的博士研究生，开始是韩国的学生，她们在大学本科和研读硕士时都不是学习考古学，特别是硕士论文都是艺术史方面的选课。因此课程的讲授就与给本来是学习考古学的学生不一样了，需要进行新的探索，具体内容已在前言中讲过，这里不再重复。由于这本讲义是深入浅出地讲述汉唐考古学的基础知识，可能对社会上对考古学有兴趣的广大读者有些帮助，因此略作整理送交文物出版社出版。

　　本书所附插图，除引用有关考古报告和学术论文的附图以外，都是自己为备课手绘的草图。我从 1953 年入北大学习考古学，至今已过 62 年，为了回忆自己学习和从事考古工作的经历，特别在插图中选用了若干从上世纪 50 年代以来所绘的图，以留下对过去学习和工作的美好回忆。又由于我在 1986 年右眼进行过手术，虽然当年为我手术的协和医院眼科主任张承芬大夫手术精湛，使我能正常工作至今，令我感激不尽，但是双目还是有轻微的视差，精细的考古绘图已难胜任，就是手绘的草图也常是不自觉地有些左高右低，画时自认为很正，但画成后看着总有点斜。本书所附图亦有此缺憾，尚希读者见谅。

这本讲义的不断修改到完成，还要感谢历年听我讲课的学生，从郑岩开始，主要有金镇顺、李正晓、苏铉淑、徐润庆、黄佩贤诸位，为了满足他们求知的需求，才会催促我完成这本讲义。本书的出版，也是对和他们一起度过的那些美好时光的回忆。

最后，感谢蔡敏、李红对本书的出版付出的辛勤劳动。

2015 年 10 月 15 日